高邮近代乡贤

馬士杰先生年譜

倪文才◎编著

中国文史出版社

图书在版编目（CIP）数据

高邮近代乡贤马士杰先生年谱 / 倪文才编著. —北京：中国文史出版社，2021.12
ISBN 978-7-5205-3308-9

Ⅰ. ①高… Ⅱ. ①倪… Ⅲ. ①马士杰 – 年谱 Ⅳ. ①K827=5

中国版本图书馆 CIP 数据核字（2021）第 216891 号

责任编辑：王文运　赵姣娇　装帧设计：王　琳　欧阳春晓

出版发行：中国文史出版社
社　　址：北京市海淀区西八里庄路 69 号　　邮编：100142
电　　话：010 – 81136606　81136602　81136603（发行部）
传　　真：010 – 81136655
印　　装：廊坊市海涛印刷有限公司
经　　销：全国新华书店
开　　本：787mm × 1092mm　1/16
印　　张：14.25
字　　数：166 千字
版　　次：2022 年 2 月北京第 1 版
印　　次：2022 年 2 月第 1 次印刷
定　　价：60.00 元

序

高邮市文化研究院是江苏省炎黄文化研究会团体会员，该院院长倪文才同志是省炎黄文化研究会常务理事。几年来，高邮市文化研究院坚持研究“四名”（名城、名胜、名人、名著）服务中心、服务大局、服务发展，办刊物、建讲坛，多次召开专题文化研讨会，取得了丰硕的成果，得到党委政府的充分肯定。倪文才同志从领导岗位退下来以后，热心文化研究，倾心地方文化事业，在集邮文化、姓氏文化研究上颇有建树。近两年他重点研究清朝末年、民国时期的江苏著名士绅马士杰，写成《高邮近代乡贤马士杰先生年谱》。上周我认真阅读了他寄来的书稿，甚为高兴和感慨。

年谱是史籍中较为特殊的一种人物传记体裁，一般的传记主要记述传主的生平大要，而年谱则是以年月日为经，只有详尽占有第一手资料，才能比较全面细致地编织谱主一生行状。面对档案资料的严重匮乏，倪文才同志花费大量时间和精力从三个方面搜集：一是走访查询，到上海、太原、南京、徐州走访马士杰的后人，了解马士杰的家庭状况；到中国第二历史档案馆、南京图书馆，查找有关马士杰的资料。二是购买书籍，从书中所列参考书目不难看出，作者购买、阅读了大量书籍，虽然不能说是应收尽收，但也是广泛占有。三是网络搜索，在网上搜索下载研究文章，特别是《申报》《大公报》电子版和数据库。作者求真务实、锲而不舍的精神令人感佩。

年谱是历史，历史是对人类社会过去事件和活动的系统记录和真实反映，必须实事求是，客观公正。作者在年谱中对马士杰的每项活动都注明出处，都有史料佐证。马士杰联署发出的电函，其电文大都有原文录入。书中不但有马士杰从政从商内容，还有他家商铺被盗、与人打官司、家里用人被打、游览景点乃至温泉沐浴等资料记载，还收入多张有关马士杰的珍贵历史照片，让人读起来感到年谱既是鲜活生动的，又是真实可信的。为了方便读者阅读，书中还对相关人物如张謇、韩国钧、黄炎培、史量才等人以及历史背景用“注”的方式作了介绍，对一些重点问题用“按”的形式阐述见解和评论。作者对历史的态度是严肃的、科学的，治学是严谨的。

年谱是研究历史人物生平的重要参考资料，具有重要的学术价值。清代史学家章实斋说：年谱之作，有补于知人论世之学，不仅考区区一人文集而已。马士杰是清朝末年、民国时期江苏一位著名士绅。他做过官，虽然官位不高，但留下了许多宦迹政绩；他从过商，产业搞得很大，同时他也做过不少公益、慈善，为社会作出过一定贡献。在那个年代，他怀有强烈的社会责任感和济世情怀，是很不容易的。因此，倪文才同志耗时几年，深入挖掘和研究马士杰从政从商的职业操守、为官为人的道德品性，对于创新乡贤文化，弘扬善行义举，传承乡村文明，凝聚奋进新征程、建功新时代的文化道德力量，是非常有意义的。

《高邮近代乡贤马士杰先生年谱》值得一读。

是为序。

陳寶田

2021 年 7 月

（陈宝田：江苏省炎黄文化研究会会长，江苏省第九届、十届政协副主席）

自　序

2015年以来，连续几年党中央一号文件都明确提出：要创新乡贤文化，弘扬善行义举，传承乡村文明。史书叙述：生于其地，而德行、学行著于世者，谓之乡贤。乡贤的品德高尚、文章显达、政绩卓著，他们身上散发的文化道德力量可以教化乡民、泽被乡里、温暖故土。马士杰是清朝末年到民国时期高邮的一位重要乡贤，在大力弘扬和传承乡贤文化的今天，他的品行业绩应当予以挖掘和彰显。

在写作《高邮近代乡贤马士杰先生年谱》的过程中，随着研究的深入，我越来越敬佩马士杰先生，越来越觉得马士杰先生值得大书特书。综合马士杰一生，我觉得他有这样几个特点。

一、勤勉为官履责。1894年马士杰乡试中举，1898年进京从政，先后任内阁中书、候补侍读、资政议员。民国建立后任江苏省署内务司司长，代理民政长、代理省长，江北运河筹浚工程局总办，至1920年辞去总办职务，先后从政22年。马士杰先生为官勤勉不懈，在清政府，因修纂玉牒得到朝廷的奖叙，升为即用道保送御史（知府）。他任江苏省署内务司长处于民国省署初始时期，百废待兴，司务繁杂，许多时候还要代行民政长、省长职权。马士杰兢兢业业、踏踏实实，没有出现失误。他离任内务司长前还专门编辑《江苏内务行政报告书》三卷，为省署后来的工作提供了很好的资政文本。他在担任江北运河工程局总办期间，为协调苏鲁治运和江北运河筹浚作出了很大贡献，尤其是在高邮开办江北水利工程讲习所，培养了126名水利人才。这批人才大多数成为我国水利事业中的栋梁。1916、1917、1919年，马士杰先后获民国大总统授予的四等、三等、二等嘉禾章。

二、积极参政议政。马士杰卸任江北运河工程局总办后，与张謇、韩国钧、黄炎培等人发起成立苏社，谋求江苏地方自治，由此对江苏发展中的许多重大问题集体发声，马士杰积极参加联署。比如苏人治苏、江苏自治法案、废督裁军、保境息民、维护江浙两省和平等问题，在报纸上发声明，给当局当政者发电文，提出自己的见解、建议和要求。虽然最终没有达到苏社所想，但极大地引发了社会舆论关注，对问题的解决产生了积极的影响。在教育、水利、交通等地方事业方面，马士杰不但积极参加谋划，有的还带头付诸行动，如创立江北长途汽车公司。对社会民生问题马士杰勇于发声，1925年与王清穆、黄炎培等人联署向江苏善后委员会提议酌拨撩浅军（工程养护队伍）浚治太湖流域。1926年与韩国钧、黄炎培等人联署致电江浙各法团，反对太湖放垦。马士杰有着强烈的社会责任感和济世情怀。

三、善于经商经营。马士杰的父亲19岁时，即“操奇计赢算无虚发”，中年家道隆裕。马士杰继承了其父精明的经商才智，其产业不断发展壮大，成为江苏著名士绅。他在多地开有多个钱庄、当铺，还有电灯厂、杂货店、浴室等。1919年与韩国钧联合创办泰源盐垦公司，开垦盐地15.8万亩，持续经营了20多年，改良土壤、推广植棉技术、办工厂、办学校、修建挡潮堤等，对推动地方经济繁荣起到了积极作用。早在清政府工作期间，马士杰就对国家货币政策发表自己的见解，乃至北洋政府议邀他去京襄办币制。1916年马士杰参加中国银行商股联合会，为干事之一。1921年发起成立“江苏典当银行”，股本总额100万元，马士杰为董事长。他于1923年与张謇、韩国钧发起成立“江苏储蓄会筹备处”，提倡储蓄、补助实业、救济农商。后又担任江苏国库善后公债处董事，为维护信用、巩固基金做出努力。

四、热心公益慈善。1917年，马士杰加入黄炎培、蔡元培、梁启超、张謇等人发起创办的上海职业教育社，以倡导、研究和推行职业教育为职志，追求“使无业者有业，有业者乐业”的理想，马士杰为特别会员，提供资金支持。1923年，参加南京平民教育促进会，被推为名誉董事。1924年与黄炎培、史量才共同发起组织“甲子社”（后改名人文社），编辑出版《人文月刊》，筹办人文图书馆，“志在选取关于人群文化之记述，分类庋藏，使修学、著书、施政、行事，得所依据”。马士杰负责经费筹集工作。1923年，马士杰一人出资二七宝银3万多两，捐赠普济号渡轮，摆渡镇江扬州之间，确保长江摆渡安全。事后多年，马士杰多次帮助解决普济号渡轮的管理问题，并去省府争取补贴款项，保证渡轮正常运行。1923年他还带头捐建扬州望火楼。此外，每遇水旱灾害，马士杰都出钱出力，给灾区以极大的支持。

五、关注家乡事业。马士杰的家乡情结非常浓烈，家乡的事业他积极参与，家乡的问题他尽力帮助解决。早在1908年，他与同乡士绅向邮传部提出《苏路北线意见书》，虽然最终铁路没有从高邮经过，但马士杰下了很大功夫，提出的方案切实可行。1931年，高邮发生特大洪灾，马士杰上下奔走，帮助组织救灾修堤。参加淮扬水灾善后委员会，为主席团五位成员之一，几次赴省府与叶主席商谈修复运堤事宜，多次与韩国钧等人在高邮商讨运堤修复，视察修复工程，还去上海请求国府水灾会拨款，最终宋子文拨发20万元。1933年，马士杰利用自身的影响力向省府财厅提出削减附税，以纾民困的请求，得到省政府的批准。1935年扬州地区大旱，马士杰与地方士绅联电上海有关救济会，陈述灾情，请求赈济。同年8月，马士杰受高邮县防黄会推派，去淮阴治运防汛办事处，争取到工程补贴，“每立方酌贴茶水费四分，用船装运者，津贴八分”。1936年，马士杰与高邮有关人士联名电呈苏财厅长兼农民银行经理，请求在邮设立分行，以资救济。

六、维护民族大义。马士杰有强烈的爱国思想和民族意识。1931年12月，日军占领东三省之际，马士杰参加江苏国难救济会，给东北各军将领以及外交部发电，呼吁奋起团结，一致对外，为国家谋生存。1932年1月，马士杰参加江苏国难救济会联署通电全国，反对外交妥洽，有害领土主权。并联署发出《江苏省国难会宣言》，“互相昭勉，一致进行，以救国难”。1941年，寓居上海期间，汉奸梁鸿志邀马士杰“出山”做事，被马士杰拒绝。1943年汉奸殷汝耕又派人请马士杰到汪伪政府工作，也被马士杰拒绝。1946年春，马士杰在高邮向苏皖边区政府水利部门介绍运河防汛和治理问题，配合政府土地改革，主动上缴田契等物。

阅读马士杰的人生，让我们更加清晰地了解了中国尤其是江苏那半个多世纪的历史，了解了马士杰官场奋斗、商场打拼的艰辛历程，了解了马士杰从政从商的职业操守、为官为人的道德品性。马士杰是一位德高望重的开明士绅。他的一生是奋斗的一生，是“有功于世、有益于人”的一生。我们为有这样一位乡贤而感到骄傲和自豪。

凡　例

一、马士杰先生是本《年谱》谱主，在行文中以先生称之，引用报刊原文或其他资料时以原文为准。

二、《年谱》中所引史料，绝大多数为原始文献，源自书籍、报刊、档案等，引用时均注明出处，以便读者查阅参考。

三、《年谱》中所引文章，不少无标点符号，文中标点为作者所加；原始文献中的繁体字大都改成简体，对于异体字、通假字一般未作变动。

四、谱主活动简述，用宋体字加粗；所引史料用宋体字；“注”为相关人士和历史背景介绍，源于史料及“百度”，用仿宋体；“按”为作者论述，用楷体字，便于读者阅读。

五、本《年谱》采用公元纪年，按年、月、日顺序编排，在年份后用括号标注清代、民国纪年。月份日期考订不清者，列年末或月末，称“是年”或“是月”。

六、征引书目，是为了让读者了解本书搜罗文献范围，也是作者向文献作者表示谢忱。

七、为了叙述方便，本谱列有“家乘”章节，家乘中登录到马士杰家庭的第三代。

目 录

家乘

马士杰，字隽卿，号疆恕，1865 年农历九月初七日生于江苏高邮，1946 年 8 月病逝于高邮老家，享年 81 岁。

先生出生年份，史料有三种说法：

1.《民国人物大辞典》（河北人民出版社 2007 年版）："马士杰，号隽卿，江苏高邮人，祖籍安徽和县，1863 年（清同治二年）生"。

2.《光绪甲午科江南乡试同年全录》："马士杰，年二十八岁，高邮州廪贡生"。光绪甲午年为光绪二十年（1894 年），古代人大都算虚岁，1894 年，先生 28 岁，那么出生年份应为 1867 年。

3. 先生子女文章记载，先生出生年份为 1865 年。

笔者采用先生子女们的说法，出生年份为 1865 年，文中年龄均按实龄计算。

先生身材清瘦，身高 1.8 米以上，留有胡须。随着年龄增长，胡须留得较长。他女儿描绘："银白的胡须垂荡在胸前，举手投足间威严自现。"

先生祖籍安徽和县。明清之际，和县马氏家族是一个大家族，也是一个旺族。清嘉庆年间（1796—1820）皇帝下旨在和县镇淮楼前建立一座"四牌坊"，表彰马氏家族的忠节。四幅匾额上镌刻着"祖孙进士""父子科第""两朝旌节""六世承恩"，说的是明宣德年间（1426—1435），马谅与孙辈马如蛟同为进

马士杰先生曾祖马振业

马士杰先生中年照

马士杰先生晚年照

士，马如蛟与他儿子马翘生同登进士和举人，明清两朝均为皇帝所信任，六代为官。

先生曾祖父马振业，是和县马氏家族大房永贤公后裔，为始祖公第十六世孙。《光绪再续高邮州志》记载：马振业，以孙盐提举升衔候选按察司经历维高，貤赠奉直大夫。

先生祖父马万清，1850 年从和县迁到高邮，《光绪再续高邮州志》记载：马万清，捐职从九，以子盐提举升衔候选按察司经历维高，封奉直大夫。

先生父亲马维高，《民国三续高邮州志·人物志·笃行》有他的传：

> 马维高，字薇皋，一字裕亭，先世皖之和州人，父万清，因洪杨之乱迁邮。维高幼颖异，年十一，能属文，以家贫不果读，年十四，父命学贾于清河，维高在肆稍暇辄览书史，抚字帖，由是长于尺牍，刻烛寸许，能草就十余函，无少讹误会。捻匪过清河，肆人皆遁，维高独留，寇退，肆主先返，见簿记款项一无损失，乃以全肆商业相寄托。时维高年十九，操奇计赢算无虚发。且性伉爽，重然诺，由是信义著于江淮间，所至争迎之。中年家道稍裕，待弟妹戚属，推食解衣，无使触望，尤重友谊，急人之难，虽千金无吝色，晚岁子士杰，官京师，屡请迎养不就，凡本邑育婴义仓，红船恤嫠，诸善举擘画经营，不遗余力。尤精建筑，邑中文庙学校名迹，凡有工作，经其监造，费省工坚，平日尤潜心子平、堪舆之学，皆有精到处，卒年七十三。

《民国三续高邮州志》有多处马维高捐资助学的记载。

先生先后娶过五位太太：

大太太——赵氏

二太太——赵氏妹妹（大太太去世后娶其妹）

三太太——范氏

四太太——田氏

五太太——刘氏（刘惠实）

先生先后生育过22个子女，夭折7个，成年15个，其中儿子7位，女儿8位，男女统一按出生先后排序。

长子，马家骅（1898—1934），大太太赵氏生。

马家骅先后娶江氏、倪氏、陈氏。生育二子：马兆祎、马兆祉。

注：马家骅去世时，其长子6岁，次子3岁。二子对其父没有印象，只听其母说，马家骅在世时，是家里大少爷，没有做具体事，吃喝玩乐多，一度还抽上大烟，36岁时病故。

次子，马家骧（1899—1949），二太太赵氏生。

马家骧先后娶妻卢氏、韩氏。生育四子：马兆祁（1932年生，现居住在浙江嘉兴）；马兆祓（1937年生，现居住在上海）；马兆禔（1942年生，现居住在镇江）；马兆礼（1947年生，幼年被奶妈高邮刘姓收养，其子刘章华，现居住在高邮）。

注：马家骧，字仲云，1899年农历十月十七日生，性格内向，不善言谈，喜好在自家宅院内自种花草，爱好绘画，擅长画凫雁和荷花。曾任高邮县救济院院长、高邮县临时参议会议员。因丢失高邮县救济院大印，深感自责，郁闷成疾，1949年6月在镇江去世。

三子，马家驹（1899—1960），字叔昂，三太太范氏生。

马家骅长子马兆祎（2021 年摄于徐州）

马家骅次子马兆祉（2004 年摄于高邮市秦园宾馆）

马兆祉（左）与作者（摄于 2020 年）

马士杰先生次子马家骧

马士杰先生三子马家驹夫妇及女儿

马家骧次子马兆祓（右二）与马家骥之子马大伟（右一）（2020年摄于上海）

马家驹先后娶吕氏、戴氏、周氏。生育子女 7 人，子：马兆祥、马兆祺；女：马兆芬、马兆兰、马兆英、马兆惠、马兆华。

注：马家驹，字叔昂，1899 年生，人称“马三少”。为人豪爽，尤重友谊，推食解衣，急人所难。办事认真、果断，常为其父办理内外重要事务。曾为父购置扬州地官第 12 号房产，为扬州消防牵头组织救火联合会统一办法，仿照上海成规，为各水会安装电话，并组成网络，提升救火效率。解放前支持子兆祺、女兆惠参加学生运动，解放后送女兆英参加解放军。20 世纪 50 年代，马家驹家住上海市淮海中路淮海坊，在卢湾区瑞金街道社区图书站工作，为不同年龄层次的读者服务。1960 年因病在北京去世，享年 61 岁。

五女，马慧宜（1908—1996），范太太生。丈夫：丁仲宜；女：丁小惠、丁小芸。

七女，马淑宜（1909—2001），二太太（大太太赵氏妹）生。丈夫：徐适安；女：徐德英（现居住在上海）。

九女，马顺宜（1912—2015），范太太生。丈夫：周恩霔，字润民（1908—1983，周恩来堂弟）；子：周尔鎏，女：周尔美（生活在海外）。

注：周尔鎏，第八届全国人大代表，原国防大学政治部主任，中国人民解放军功勋荣誉章获得者，少将军衔。其夫人邓在军，中央电视台导演。夫妇二人于 1998 年周恩来百年诞辰之际合作拍摄完成纪录片《周恩来》。

十女，马慎宜（1914—2008），范太太生。丈夫：秦士贞；女：秦兆惠、秦兆玲、秦兆平。

十二子，马家骕（1919—2002），范太太生。妻：杨遵耆；女：马兆稼，子：马兆谷、马兆雄。

马士杰先生五女马慧宜

马士杰先生七女马淑宜

马士杰先生九女马顺宜（右，时年 100 岁）与小女马润宜（时年 84 岁）（2012 年摄于美国）

马士杰先生小女马润宜（中）与周尔鎏（左一）、邓在军（右一）夫妇（2012 年摄于北京）

从左至右：马正宜、杨遵耆、马润宜、马益宜（先生弟弟马士熙之女）、杨遵康、马慎宜（坐）（1987 年摄于高邮原第一招待所）

马士杰先生十二子马家駪

注：马家駪，1919年1月生，少年时代在高邮、扬州、南京读完中小学，1944年于上海复旦大学毕业。毕业后在四川重庆乐山中央技术专科学校任教，1945年抗日战争胜利后回上海，在上海“善后救济总署上海分署”和“上海联合国国际难民组织”任职。新中国成立后和朋友合资经营乾泰棉织厂，1977年因孩子插队回乡顶替，提前办了退休手续。退休后继续在卢湾区委统战部做统战工作，曾任区民主建国会主任委员及区政协委员。2002年7月因病在上海去世，享年81岁。

马士杰先生十三女马韵宜夫妇

十三女，马韵宜（1919—1982），刘太太生。丈夫：张仪尊；女：张思嘉，子：张惠生。

十四子，马家騋（1920—1991），范太太生。妻：杨遵康；女：马兆蓉、马兆玲，子：马兆龙、马烈、马兆民。

注：马家騋，1920年8月出生于高邮，少年时代在扬州、高邮读书，在高邮中学高中毕业后，就读于上海复旦大学经济专业。大学毕业后，在上海救济总署任职，1952

马士杰先生十四子马家騄

马士杰先生十五女马允宜

年，调入交通部机关任交通部统计局干部。1953年，任交通部干部学校教导主任，1955年调任交通部城陵矶干部学校领导。1956年，调到武汉，历任长航干部管理学校副校长、长航局统建办公室主任、长航七中校长。1982年退休，1991年1月因病在武汉去世，享年71岁。（杨遵康与杨遵者是亲姐妹，杨遵康为姐，杨遵者为妹，均为高邮人。）

十五女，马允宜（1920—2005），刘太太生。丈夫：董彭年；子：董晓侬、董晓虎、董晓豹，女：董晓凤。

十七女，马正宜（1922—2000），刘太太生。丈夫：杜康钊；女：杜葆凤、杜葆凰，子：杜尔群、杜尔止、杜尔为、杜尔太、杜尔思。

十九子，马家骥（1924—2008），刘太太生。妻：顾嗣芬；子：马大伟，居住在上海。

注：马家骥，1924年3月生，1946年毕业于上海工业专科

马士杰先生十九子马家骥

学校机械科。历任中山大学机械系助教、中国油轮公司轮机员、上海港务局船检验科副科长、工程师。1980年任船舶检验局上海办事处副主任、主任、高级工程师、高级主任验船师。1984年任国家船舶检验局海船规范科学研究所所长。他研制的自动探火系统和自动灭火系统，荣获1978年全国科学大会奖。1979年、1987年曾分别作为我国政府代表团顾问和代表出席国际海事组织（IMO）会议。曾担任船检局技术委员会消防分委会主任委员，中国消防协会常务理事，市航海学会常务理事，上海经济区船舶航行顾问。1991年，享受国务院政府特殊津贴。主持和参与制订我国多种海船规范，曾担任《轮机工程手册》编委和分卷副主编，以及《船上有害振动的预防》编委会主任，《中国船舶检验史》副主编，是新中国船检事业的开拓者之一。

二十女，马润宜，1928年出生，刘太太生。现住山西朔州。丈夫：刘锋；女：刘若兰、刘若娅、刘若丽，子：刘若光。

注：马润宜，生于1928年7月17日，1952年在上海“中华职业学校”参加会计补习班学习。1953年3月分配至山西大同矿务局从事会计工作，1984年退休。现随女儿在山西朔州生活。

二十二子，马家骙（1931—1992），妻：王金成；女：马兰、马华、马英。

作者与马润宜（右二）及其两个女儿刘若兰（左一）、刘若丽（右一）（2020年摄于朔州）

马士杰先生幼子马家骙

马家骙长女马兰（左）与马大伟（摄于2021年5月）

马氏家人合影（左一马家骕，右一马家骙、右二马家駪、右四马兆祉）（1987 年摄于高邮第一招待所）

从左至右：马家骕、马家駪、马家骥、马家骙

注：马家骙，1931年11月出生在高邮，因近冬至出生，小名叫冬庆。曾在教会学校读书，爱好天文地理、文学历史、音乐，能讲一口流利的英语。1950年在上海纺织机械学院肄业，安排在北京中央五机部工作。1954年支援北方到山西太原建筑总公司担任定额员，1956年调到山西临汾地区建筑公司，先后担任技术员、工程师、高级工程师，最后成为总工程师，完成临汾地区许多重要、重大建筑工程。1990年调入山西太原加气混凝土厂担任总工程师。1992年9月，因过度劳累，突发心脏病，逝于建筑工地，享年61岁。

按：据先生小女儿马润宜及孙辈回忆，范太太生有一女，排行第四，出生年月及名字不详。四女嫁给高邮一富户王姓人家，生下一子不久就去世了。其丈夫名字也不详，据说脾气很大，人称“王骡子”。日军侵占高邮，王骡子被抓去拉炮，因力气不够，被日军斥责、推搡并击打，王忍无可忍，奋起反抗，被日军当场击杀。四女所生儿子叫王纲世，据说到了台湾，详情待考。

先生府第，位于高邮州署西侧，占地面积约5000平方米，房屋99间。

据马兆祉、马兆祓、马润宜等回忆，先生府第的布局如下：

（1）大门　门厅西侧为门房，门房后是天井、土地祠。

（2）二门　门厅两侧为房间，二门后是天井。

（3）大厅　五间房。两侧有门为走廊过道通向内宅。东侧门可进入东花厅，西侧门进入西花厅。大厅内又有门进入内住宅。

（4）下进　为三间房。中间为堂屋，两侧为卧室。两侧有门，与东西走廊过道相通，东侧门向左可进入厨房，旁边为天井、柴房。下井后是天井。

（5）中进　五间房，中间堂屋，两侧卧室各为套间。堂屋北有门进入后面的天井。

（6）上进（正宅）　中间为堂屋，设有供桌、老爷柜等供奉祖先用。两侧卧室为内外套间。从二门至上进，堂屋的中间门均可打开直接相通成五进格局。

（7）东花厅　中间为天井，北面住房中间为堂屋，两侧为卧室，南面住房有东厢房连接。

（8）西花厅　内有厅房、书房、花池、树木、竹林、假山，周围有行人过道。厅前的天井上有树架，南面有日式“榻榻米”卧室，下设有防空洞。另有佛房等若干间。

（9）副宅　大厅的西侧门走道可直达副宅（正宅的西侧均有门进入副宅）。副宅门的左边为饭厅，前后有天井。饭厅右侧门进入副宅，住房为前后两进，第一进三间，中间堂屋，两侧为卧室，前后有天井，第二进中间堂屋，两侧卧室。两进之间有东西厢房连接。

（10）后花园　由主宅的上进出东侧门前行向左途经藏书房等走进一大的院子。院子中有水井、茅房等设施。大院右侧有门通向后花园，园内四季种有花草、冬青等。

（11）二老爷（马士熙）家住宅　房前有天井，住房南北向，中间堂屋，两侧为卧室，天井东侧为厨房等。花园西门与西和巷相通。

（12）后院　在露天大院的北面有两进房屋，是账房先生李万盈家所住。后进房屋东侧有门与原高邮县政府相通。

先生去世后，子女们在大院中分家居住。新中国成立后，先生家宅改建为政府第一招待所（20 世纪 90 年代改名为“秦园宾馆”）。2010 年改建为府前街 58 号住宅区。

时任高邮县政协副主席刘宜炤（前排左四）接待马士杰家人（1987 年摄于高邮县政协）

先生所留书法作品不多，从现存的资料看，先生的行书运笔便捷，线条匀称，行云流水，很有力道。

如，先生写给韩国钧（字止石）的信：

止公赐鉴专差回奉：

手书并各件均敬悉，旋晤少兰述及渠已电复，因未接电前，已先委东何调署陈君，稍迟再设法并托转达云二弟，但表示接洽，措词亦未著，色相不卜。

尊处对伊复电作何主张，弟固不拘成见，亦为公之意旨是从也，昨来邮，三日后回扬，并问敬颂台安，书不尽言。

弟士杰拜启

六月二十一日

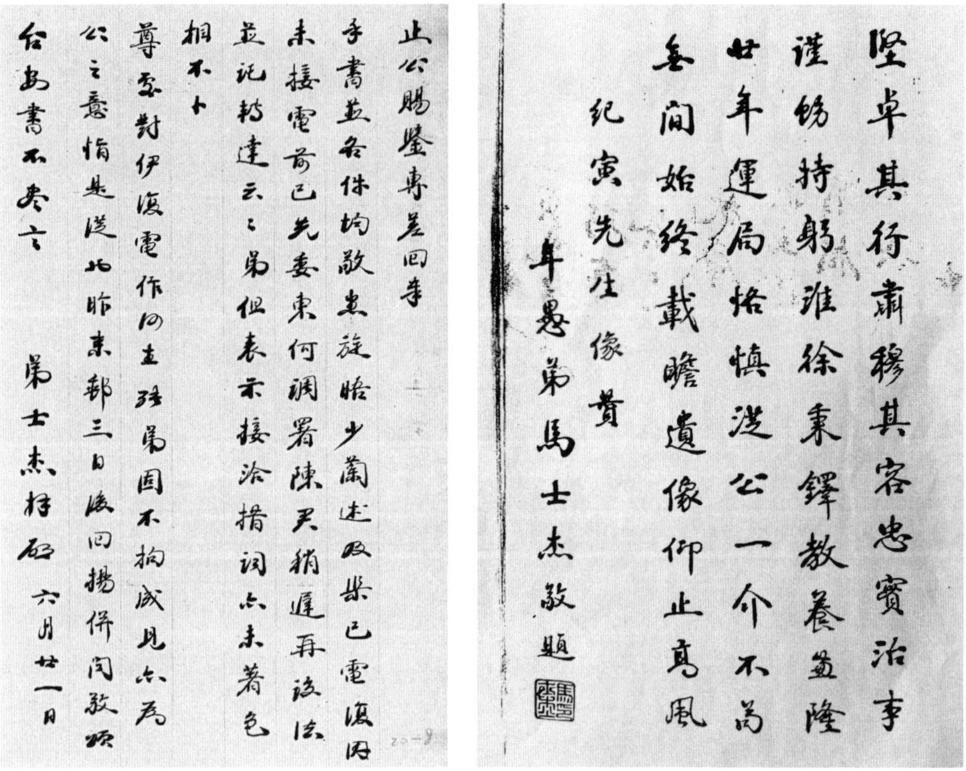

马士杰先生手迹

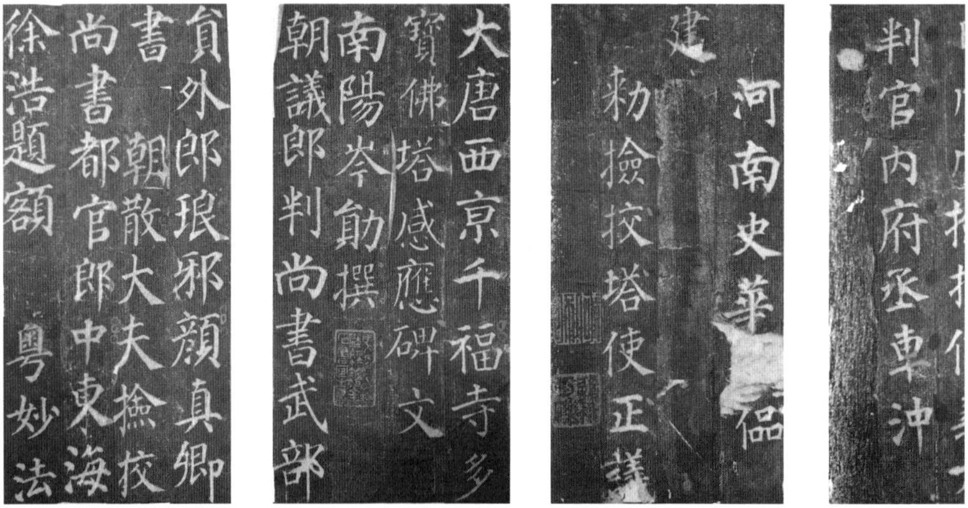

马士杰先生的收藏印章

还有《纪寅先生像赞》：

坚卓其行，肃穆其容，忠实治事，谨饬持躬，
淮徐秉铎，教养兼隆，廿年运局，恪慎从公，
一介不苟，无间始终，载瞻遗像，仰止高风。

纪寅先生像赞

年愚弟马士杰敬题（印）

先生书房藏书很多，据马兆祎回忆，几排书橱，大都是线装书，至少有2000册以上，有赵二先生专门管理，其他人不得触摸。先生的藏书中有一部颜真卿《多宝塔碑》拓本，现在高邮一位收藏家手中，上面有“马隽卿珍藏经籍金石书画之印”，拓本后还有两方印章——“有何不可”和“道在瓦砾”。

年谱

1865 年 10 月 26 日（清同治四年九月初七），先生出生于江苏高邮。

按：这年是清同治四年，干支乙丑年，先生属牛。

先生童年随父在高邮生活。

按：其父马维高，青年时期因家道中落辍学，初在清江（今淮安市）当店员，由于他善筹划、重信义，逐步使家境好转，后在高邮从事钱庄、典当行业，名著于江淮之间。马维高生有一男三女四个孩子，先生作为马维高唯一的儿子，自然受到更多的关爱和重视。所有这些给先生提供了良好的生活环境和读书条件。

先生“髫年入泮，中秀才后，在家读书”。

注：“髫（tiáo）年”，指幼童，“泮”指古代学宫前的水池。“入泮”，即进入学宫为生员。“秀才”是经过童子试而被录取的府学、县学生员。成为秀才即代表有了“功名”在身（但没有俸禄），在地方上受到一定的尊重，亦有各种特权。例如免除差徭，见知县不用下跪，知县不可随意对其用刑，遇公事可禀见知县等。

明清时，高邮学官在州署东侧（现在龙翔商业城处）。《乾隆高邮州志》记载：“邮学址在州东九十步，前抵濯衣河，后至瞻衮堂，右界州署墙，左界城隍庙。南北深六十二丈，东西阔三十二丈有余，大成殿居学宫之中……”

1894年（光绪二十年），先生29岁，赴南京乡试中举。

10月23日《申报》载《甲午江南乡试官板题名全录》，先生名列其中。

注："乡试"又称乡举，是明清时期每三年一次在各省省城（包括京城）举行的科举考试，考中者称举人。举人在明清时期是一种正式的科名了，即使他们会试落榜，也已经具备了做官的资格，一般可出任知县、教官等职。

1895年（光绪二十一年），先生30岁。

先生赴京参加会试，因母丧丁忧而返乡。

注:“会试”是因各省举人集中在京城考试而得名。因会试是由礼部主持的全国性考试，故称礼部试。会试的录取者称贡士。考上贡士还要参加殿试，经殿试取一甲三名，称状元、榜眼、探花，赐进士及第；二甲若干人，赐进士出身；三甲若干人，赐同进士出身。

“丁忧”的“丁”，当也，遭逢、遇到的意思；“忧”，居丧也。丁忧即遭逢居丧的意思。根据封建传统的道德礼仪制度，朝廷官员在位期间，如若父母去世，则无论此人任何官何职，从得知丧事的那一刻起，必须辞官回到祖籍，为父母守孝三年，这叫丁忧。《大清会典》规定：丁忧“俱以闻丧月日为始，不计闰二十七个月，服满起复”。

1898 年（光绪二十四年），先生 33 岁。

是年，先生进京。以后 10 多年曾先后任清朝内阁中书、候补侍读、资政议员。

注：明清两代内阁中设置中书一官，掌撰拟、记载、翻译、缮写之事，官阶从七品。一般由举人考授，或特赐。

候补，就是等候递补缺额，听候委用。

侍读，就是陪侍帝王读书论学或为皇子等授书讲学。

清末，朝廷设资政院，资政院设总裁、副总裁二人，议员分钦选议员和民选议员，各定额 100 人。

1900 年（光绪二十六年），先生 35 岁。

是年，同泰昌杂货号在高邮三垛开设。

注：同泰昌由马士杰、扬州李和甫、镇江陶彭先三股组成，性质属股份有限公司。总管事张荫华，管事徐炳，继任管事崔翰臣，员工 50 多人。（肖维琪《同泰昌杂货号》，载《高邮文史资料》第 17 辑）

1902年（光绪二十八年），先生37岁。

是年10月，朝廷颁布《分发人员验看名单》，内载“内阁中书马士杰　江苏”。

注：“分发”，是清朝吏部铨选制度，任用官员的方法。京官称分衙门学习行走，外官称发省差委试用，统称分发。

1905年（光绪三十一年），先生40岁。

1月13日《申报》载《谕旨恭录》：拟补内阁中书马士杰……俱着准其补授。

3月30日《大公报》载《上谕恭录》：内阁中书马士杰，俱照例用。

注：清代皇帝用文书形式向全国、中央和地方各级机关、部门及个人传达的公告、命令或批示等统称为“谕旨”。按光绪《大清会典》所说，它们可分为两类：批示臣下奏请叫“旨”，特降或因下面奏请而宣示中外的叫“谕”。这些文件统由内阁与军机处经办，将“谕旨”按规定份数抄写副本，叫“恭录”。

1906 年（光绪三十二年），先生 41 岁。

先生被派修纂玉牒。

1906 年 12 月 1 日《申报》载《派员修纂玉牒》：宗人府承修玉牒，每十年开馆修纂一次，现已奉旨派礼王肃王孙中堂为总裁，溥尚书、良戴尚书，鸿慈宝阁学熙为副总裁，派世中堂续为督催，昨复派内阁中书十六员为誊录，名单列右：马士杰，宗树楷……

注：中国历代皇族族谱称为“玉牒”。唐代已有，清代玉牒分满、汉两种文字，自顺治十三年（1656 年）每 10 年编续一次，在清代共编 26 次，分帝系、支系等。清代玉牒现存 1070 册，是中国唯一完整系统保存至今的皇族族谱，是世界上最庞大的家谱。

1907年（光绪三十三年），先生42岁。

8月，先生负责内阁会议文案。

1907年8月21日《申报》专电：内阁派吴郁生、王序为提调，华世奎、王庆平、熙钧为帮提调，中书宗树楷、殷济、马士杰、金梁为文案，并即颁刻，内阁会议政治处。

注：提调，提举调度的意思，清末各新设机构常置此职，系处理事务的高级人员，其职权大小，因机构而异。

9月，先生就铸造金币发表意见。

1907年9月30日《大公报》载《会议金币定拟》：政务处自开议重币以来，诸大王异常慎重，博采群言，除各都院掌官之说帖不计外，惟中书马士杰、袁崇镇、王松策、路寿庚等四员所呈之说帖，议论佥用，大略皆谓虚定金位、改铸金币一事，利少病多云云。兹据政界人士现经会议诸王大臣酌议，大有端倪，拟于二十二日会衔定稿后即可缮折覆奏云。

1907年10月3日《大公报》载《条陈速铸金币》：日前内阁中书路庚寿、马士杰等先后条陈度支部，请速鼓铸金币，以挽回利权，历年赔款，以银折金赔亏已不下三四千万，若再因循苟且，则财源益竭，款绌民困，后患不堪设想云云，泽尚书深为嘉纳。

注：度支部，官署名，是清代掌管财政事务的机构，成立于

1906年，由原户部更名而来。

按：晚清时期，市场中对于白银的价格需求逐渐提升，白银价格上涨，尤其是马关条约和庚子赔款都是以白银作为基准的，如果朝廷以黄金为本币，那白银价格的上涨就等同于黄金货币的贬值，朝廷就需要付更多的赔款。而向市场投放一定的金币，则可抑制白银价格的上涨。

10月，先生参加预备会议川蒙分省的准备工作。

1907年10月27日《申报》报道《预备会议川蒙分省事件》：昨会议政务处吴郁生提调亲赴军机处面请政务大臣，十五日会议事件。经会议王大臣等谕令，将改分川省并改蒙古行省，各节略及议院条陈等件，一律汇齐以备接议，现该提调已令文案处中书马士杰、朱崇兰、殷济、曹元忠等预备一切矣。

按：改分川省，实际上就是行政区划调整。据1907年10月29日《申报》报道："十五日，会议政务大臣集议改分川省一事，拟在四川毗陵藏界各地酌添抚道各一，缺两府一厅三直隶三十余州县，再合原有之十一府四厅八直隶州并土司县州一百三十有二，分为东川西川两省，拟行知州督，详细绘图，送京考核，以便奏诸施行，闻某邸力赞此举"。改分川省计划后因时局变化未能实施。

改蒙古行省，也叫"筹蒙改制"。光绪三十年（1904年）、三十一年（1905年），以中国东北为主要战场的日俄战争，使得北部边疆危机更加严重，在这种形势下，蒙古地区建省问题被提到议事日程上来了。在"筹蒙改制"过程中，王公大臣们纷纷提出在蒙古地区实施新政的具体措施。有人主张在内外蒙古设立行省；有人认为"改设行省有害无利，一曰隔阂，二曰蠹扰，三曰疑惧，四曰苦累"；后有人提出暂缓在外蒙古设立行省，而在内蒙古设立热河、绥远、察哈尔三行省。终清之世，清政府在内外蒙古设立行省的计划未能实现。

10 月 30 日《大公报》载《会议政务处王大臣及阁署官员衔名详志》，先生名列其中，为文案委署侍读中书。

12 月，先生赴日本进行政治考察。

按：伴随着维新运动的兴起，晚清时期产生了一个研究日本、学习日本的热潮。留（游）学日本主要是两部分人，一是青年学生留学日本，二是官绅游学日本。清廷为维护其统治，遂由推行“新政”发展至筹备“立宪”，因而官派官员去日本考察。游日官绅多以政治科为重，官派人员去日本考察时间大致为两至四个月。据先生子女回忆，先生因其父去世提前回国。

12 月，先生因父丁忧请假回高邮。

1907 年 12 月 23 日《大公报》载《政务处调员充补要差》：会议政务处帮提调华世奎，文案处马士杰二员，均因丁忧请假，其所遗之差，业由该处奏调充补。闻官场人云，其帮调系调三品军机章京曹广桢、文案处系调内阁汉票签中书袁崇镇充补，业已到差。

1908 年（光绪三十四年），先生 43 岁。

先生因参与修纂玉牒受光绪皇帝奖叙。

1908 年 4 月 6 日《申报》《大公报》均载《上谕》：三月初四奉上谕世铎等奏，恭修玉牒告成，在馆出力各员核请奖一折。此次恭修玉牒卷帙繁多，在馆各员，不无微劳足碌，既经世铎等核实删减，自应量予奖叙。……汉誊录官在任候选知府内阁中书马士杰，着俟归知府班，后以道员用……

注：上谕，即诏书，是皇帝的命令和批示，也指清代皇帝用来发布命令的一种官方文书。

道员，又称道台，清代官名，根据清代的官阶制度，道员（道台）是省（巡抚、总督）与府（知府）之间的地方长官。

是年，先生与同乡吴玉堂等绅士向邮传部提出《苏路北线意见书》。

按：20 世纪，清邮传部和江苏铁路公司曾有在苏北瓜洲到清江修建铁路的动议，当时对铁路线路有不同说法，为此先生联同高邮绅士向邮传部和江苏铁路公司提出《苏路北线意见书》。

1908 年 9 月 19 日《申报》载《高邮绅士苏路北线意见书》，全文如下：

若离开坝口或就坝下引河筑桥以连路轨，无论桥下安设石墩于坝水分决，东趋之势适当其冲，水力壮烈，按诸铁路桥梁工程，其抵御洪水之法，毫无定律。且由露筋以北达于城南，长堤以东，无非坝水宣泄之地，坝下虽有引河，实则横决四出，并无河道可循。兴、东各县，距离邮邑皆在百数十里以外，开坝之时，各县城池一带悉成泽国，则水势之浩瀚，概可想见。今引河筑桥，其非引河之处，势须接筑要堤，以连路线，是于坝下横增一道夹堤也。非水冲路堤，即堤碍坝水，水冲路堤，则车不能开行，一时无修复之法。路堤碍坝水，则水不能宣泄，运堤有溃决之虞，是路险之外，更增一运堤水险。下河数百万人民生命财产，设有崩溃关系尤非浅鲜，此就引河筑桥，坝下横增夹堤危害甚大。所更宜研究者也。若是则东堤各坝处所，无论路线附坝离坝，坝险路险，皆有困难。欲求路工之治安，非循西堤不可。循西堤筑路，尚有数便，东堤坎下，皆系民地，西堤则多属官地，无收价之费，其便一；西堤多系石工，附堤筑路，湖滩土质胶坚，取之不尽，其便二；西堤为东堤外障，今循西堤之外，加筑路堤，无论附堤离堤，皆于堤工多一重保障，水险既获治安，路工愈征稳固，其便三；邮邑北去，东堤如清水潭、马棚湾、漫闸界首等处，市镇林立，铁轨经行，房屋必须拆毁，各镇地瘠民贫，一经冲破，困苦不堪，猝难修复，不若西堤之无以障碍，其便四。或谓西堤逼近湖滨，路堤非用碎石不能坚固，则工程较费，玉堂等以为，全路利害起见，虽工程较费，要当持一劳永远之计，况铁路工程，本有碎石堤一种路工，既得御水险，自宜力求坚实。总之，运堤一带，路险必从水险而生，所谓无路险则无水险，要使路工与堤工有相辅之益，无相妨之害，玉堂等生长湖乡，见闻所及，用敢不辞，覼缕谨陈意见，以备择采。

高邮绅士吴玉堂、马士杰、詹鼐、王伟忠、宋子元、杨蔚、王植忠、贾承诰、王榕桂等公启。

1909 年（宣统元年），先生 44 岁。

4 月，先生请留耆道办理堤工局获批。

1909 年第 22 期《南洋官报》载《督部堂端　批高邮州庆牧多禀绅士马士杰等请留耆道办理堤工局差由》：据禀暨呈送高邮绅士请留耆道办理堤工局，原禀一件均悉，查耆道康自到局任事以来，凡遇抢护修理各项工程，无不躬亲督察，力顾堤防，估用工款，亦能认真考核，绝无迁就敷衍之习，本部堂深所嘉许。现虽差期将满，本拟仍饬留办。今该绅等亦以此为请，具见耆道办事实心人所共信。耆道应准留差一年，以裨工务，至堤工章程，虽订明差期一年为满，嗣后遇有贤员仍可随时留办，自无庸轻改定章，除分别咨行外，仰即转致该绅等遵照。

注：督部堂，即总督，正二品。

“端”为端方（1861—1911），满洲正白旗人，曾任江苏巡抚，两江总督。

《南洋官报》，清光绪二十八年（1903 年）1 月在南京创刊，双日刊。南洋通商大臣、两江总督府署主办，南洋官报局印行，以宣德通情、启发民智为主旨。仿《北洋官报》体例。1905 年元旦，期数重起，1906 年改旬刊，宣统元年（1909 年）改五日刊。

各省筹办咨议局。4 月，先生在高邮初选当选议员，得 115 票。

5 月，先生在扬州府复选当选为议员。

按：咨议局是清朝末年立宪运动中，于1909年9月各省成立的省级民意机构，咨议局议员选举是中国历史上第一次民意代表选举。

1905年，清廷向全国人民宣布实行“预备立宪”，次年，颁布九年预备立宪诏，这成为中国政治参与的开端。与此同时，模仿西方立宪制国家地方议会的咨议局开始在各省筹设，议论本省应兴应举的事件、预算、决算、税收、公债及省政义务等。

6月，先生当选为扬州议员后，写信给嵩太守请辞，嵩太守未准。信函如下：

马士杰禀嵩太守文云：窃奉知会本郡复选当选议员有士杰名在其列。饬令三日内呈明应选，以便照章给照等因，惟士杰自奉讳里居心绪恶劣，此项咨议局议员，自问才识庸陋，实难胜任，且明年正月初，旬服阕，即须回京供职，上年廷试御史，临时请假，未及恭应其事，服阕之后，在籍势难久留。查咨议局章程内开，凡被选咨议局议员者，照章于接知照会后，念日内，得以呈明不愿应选，士杰抚躬自责，才力即不能胜，即使滥竽充数，任事不久，服阕届期，亦必临时辞职，审度至再，何如事先告退，照章以候补当选人补充，无任感谢，待命之至。（1909年6月6日《申报》）

太守批云：选举咨议局议员，为宪政始基，事当草创，尤赖贤士大夫，共同组织宏此远猷，贵绅学识优长，志行端洁，兹经复选当选，足见公道在人，本监督为郡邑深庆得人，讵可引避，以辜民望，纵因来春服阕，仍须供职京华，而转瞬即当开局，正资赞画，应俟起复后再商，此时幸勿固辞，是所厚望。

注：服阕，指守丧期满除服。

按：1907年12月—1910年2月，先生因丁父忧，在高邮服衰，所以有时间参与提出《苏路北线意见书》，有机会参加高邮扬州的议员选举并参与省咨议局会议。

注：嵩峋（1847—1923），字祝山，号渔山，满洲镶红旗人。同治六年举人，特授改补馆职，任国子监助教。曾任扬州、宁国、安庆等地知府，为官清廉，兴办学堂，均有政声，工诗文，善书画，风流潇洒，雅韵出尘。

按：根据扬州学者朱德林先生的研究，1911 年 11 月 7 日扬州光复后，嵩峋在马士杰的帮助下，到高邮隐居。按照满族瓜尔佳氏的音符为“关”字，即改名关椿寿。关椿寿用清皇室给他的俸禄，在高邮老城区繁华地段——中市口西南角 200 米处，购得一处闹中取静的黄金地块，建造一所豪华的关家大院（西后街 67 号）。目前住在关家大院的是他的重孙女关汝俊，现年 80 多岁。

10 月，先生参加江苏省咨议局会议，被委任为请议审查员，议员席次为六十八号。12、13、14 日，先生参加江苏省咨议局第四次会议，先生提出运河东堤改修石工案。

1909 年 11 月 3 日《申报》报道《马士杰运河东堤改修石工案》：淮扬水利在运河以东，数十万顷民田，享湖河灌溉之利，然水大之年，必以运河东堤为保障，工员历办修防挖堤补堤，迄无完策，今议从宝应以下，邵伯以上运河东堤一律改修石工，以为切实御水险办法。款由堤东各州县分别担任，此淮扬人民百年之利也。

11 月，先生先后参加第四、第五、第六次请议审查会议。11 月 23 日，江苏咨议局互选资政议员，先生当选，得 74 票。

11 月 28 日，《申报》公布江苏咨议员名籍：马士杰，号隽卿；籍贯：高邮；履历：即用道保送御史。

1910 年（宣统二年），先生 45 岁。

8 月 21 日《大公报》载《资政院议员一览表》，先生名列其中：马士杰，43 岁，江苏高邮人，花翎即用道保送知府，举人。

9 月，先生参加资政院议员会议，被分为第二股议员。

1910 年 9 月 26 日《大公报》报道，资政院召集议员记事，马士杰座位 119。

1910 年 9 月 30 日《申报》载《纪资政院召集议员详情》：二十日为资政院议员召集之期，上午九句钟（注：即九点钟），各议员到会者一百六十余人（原额二百名），先往注到室各签到字，书明住址，继往验照所验照，每员发给座号单，议事细则并章程各一份，徽章一件，即分入各股室散坐至十句钟，摇铃开会。总裁面南立，各议员离座起立，秘书长以下面东立，行相见礼一揖各就座，总裁复起立演说，数语毕，报告章程，抽签分股，共分六股既毕，各议员退入各股室，推举股长及票选理事，复报告于议长，由议长宣告本院成立，召集事毕，十二时散会，兹将推选股长、理事及签分各股议员姓氏录下……

注：资政院，是清末立宪运动的议会准备机构，成立于 1910 年 9 月，终止于 1912 年初，院址在北京西城区象来街，资政院的建制在各省地方叫咨议局，咨议局是各省的议事机构，资政院议员由各省咨议局选举产生。

1911年（宣统三年），先生46岁。

2月7日，先生去南通拜访张謇，谈《忠言报》事。

注:《忠言报》是1909年革命派人士创办的报纸，报社地址在天津。

张謇（1853—1926），字季直，号啬庵。中国近代实业家、政治家、教育家、书法家。张謇祖籍江苏常熟土竹山，清咸丰三年（1853年）生于江苏海门长乐镇，同治十二年（1873年）归籍通州。光绪二十年（1894年）考中状元，授翰林院修撰。光绪二十一年（1895年），奉张之洞之命创办大生纱厂。民国元年起草清帝退位诏书，南京政府成立后，任实业总长；同年改任北洋政府农商总长兼全国水利总长。民国四年（1915年）因袁世凯接受日本提出的“二十一条”部分要求，张謇愤然辞职。张謇主张“实业救国”，是中国棉纺织领域早期的开拓者，一生创办了20多家企业，370多所学校，为中国近代民族工业的兴起、教育事业的发展作出了宝贵的贡献。

按：先生与张謇志同道合，他们在人生的旅途中成为好朋友。据马兆祉先生回忆，先生家西大厅挂有一幅很大的镀金牌匾，上书“养和堂”，落款张謇，还有红色印章。

6月，先生与汪荣宝等议员为江苏咨议局议员辞职事，呈文资政院。

1911年6月19日《大公报》载《资政院江苏议员为咨政局议员辞职事呈资政院总裁文》。

按：江苏咨议局因财政预算与江苏巡抚、两江总督发生争执，而致议员全体辞职，汪荣宝、吴廷燮及马士杰等14位资政院议员经调查后向资政院写出报告，恳请资政院总裁副总裁，据情咨请内阁迅赐裁察。

10月，先生作为候补侍读，列内阁奏准厅局留用调用人员清单。

10月，先生加入"宪政实进会"，为常议员，列调查股。

1911年10月20日《大公报》载《宪政实进会职员录》：宪政实进会于二十三日开会，推举正副会长及常议员，其调查、编辑、审议各股股员亦已分别。兹将所有姓名详录如下：正会长陈宝琛，副会长于邦华、姚锡光，常议员……马士杰……，调查股……马士杰……，编辑股……，审议股……

按：宪政实进会成立于1911年9月30日，是清末立宪政党，清末首批合法政党之一。其主体是清政府资政院中的"钦选"议员。有政纲10条，主要是尊重君主立宪政体，发展地方自治等，以谋宪政实力进行。在各省设有分会，其后自行解散。

1911年10月26日《大公报》载《资政院议员分股名单》，先生在预算股。

11月，高邮独立，先生任民政部长。

1911年11月18日《申报》公电：都督及各报馆鉴：扬属高邮已于二十三日（阳历11月13日）宣布独立，公举王梗为军政事务所长，黄国栋为军政司令长，姚纪卫为民政事务所长，马士杰为民政部长，各职员亦经选定，被选举人及各界当场签字承认。连日布置周妥，地方安静，合电告。高邮自治公所、商会、农会、教育会公叩。

按：1911 年 10 月 10 日，武昌起义爆发，革命党人很快占领武汉三镇，在湖北建立了革命政权。在随后的两个月内，全国又有 14 个省市先后宣布脱离清室独立，统治中国长达 276 年的清王朝瞬间土崩瓦解。

这一年，按照中国农历纪年方法是辛亥年，这场革命被后人称为“辛亥革命”。辛亥革命打开了贫弱中国进步的闸门，促进了中华民族的觉醒，使民主共和的观念深入人心，中国民主革命的进程从此不可逆转。

9 月 13 日，江苏、上海宣布独立，9 月 14、17、23 日，苏州、镇江、清江宣布独立，高邮独立正是顺应了历史潮流。

1912年（民国元年），先生47岁。

按：1912年1月1日，孙中山在南京宣誓就任临时大总统，改国号为中华民国，定1912年为民国元年，并成立中华民国临时政府。中华民国成立后，江苏成立江苏省都督府，程德全为第一任江苏都督。

5月，程都督致电先生，请先生出任驻宁民政司次长。

1912年5月16日《时报》载：马隽卿先生鉴，文电悉，驻宁民政司次长为特设机关，专理宁属民政事宜，刻值江北取消都督民政，统一关系尤为重要。非公望、公才莫能胜任，全与宁属人民企望已极。魏梅村君因病不能就职，盼公尤为迫切，务祈星速命驾至淮徐海工振，必有随同办事之人，可资委托，且工振本隶民政。公到宁亲事得以规划全局，裨举办尤宏。公为地方计，必不峻拒，全扶病留宁专待公来商榷一切，万勿再辞。致辜众望，行期仍请速示。德全。

注：程德全（1860—1930），字纯如，号雪楼，四川云阳（今属重庆市）人。清廪贡生出身，光绪十六年（1890年）入国子监肄业。宣统二年（1910年）调任江苏巡抚，并参与预备立宪活动。1911年10月武昌起义爆发后，11月5日宣布江苏独立，成立军政府并自任江苏都督。1912年4月被袁世凯正式任命为江苏都督。1913年7月，辞职退出政界，隐居上海，闭门

诵经。民国十五年（1926年）受戒于常州天宁寺，法名寂照。

9月2日，张謇来南京拜访程都督，“商榷要政”，先生设宴招待。

按：由此可见，先生参与了江苏省都督府筹建工作。

12月，先生任江苏省署内务司司长。

1912年12月21日《申报》《大公报》均载《十二月二十日临时大总统令》：任命马士杰为江苏内务司长，龚杰为江苏财政司长，黄炎培为江苏教育司长，黄以霖为江苏实业司长，此令。

依照民国二年《划一现行地方行政官厅组织令》规定：省行政公署内务司掌理下列各项事务：选举；公共团体；赈恤救济；公私慈善、公益财团；征兵、征发；户籍；行政区划；土地调查；官产、官物；行政警察；高等警察；司法警察；著作、出版；道路土木工程；河堤、海港、水道工程；土地收用；整饬礼俗；祠宇、宗教；保存古物；病院、卫生；防疫、检疫；医士、药剂士业务的检查；药品、药物营业的检查；地方交通行政。

按：内务司司长权力甚重，民政长一旦外出，均由内务司司长代行民政长职权。民政长就是一省之长，在1912年12月到1914年5月为省行政公署最高长官。1914年5月到1916年7月，民政长改为巡按使。其间江苏行政公署民政长为应德闳（1912年11月—1913年8月）、韩国均（1913年9月—1914年5月）。据《申报》报道，先生多次代行民政长、省长职权，担任“代理民政长”“江苏省代省长”。

1913 年（民国二年），先生 48 岁。

2 月 14 日，先生在民政司署设宴招待张謇等。

4 月 15 日，先生参加省议会第八次议事会。

1913 年 4 月 17 日《时事新报》报道：昨（十五日）下午一时，省议会开第八次议事会，内务司长马士杰、财政司长龚杰、教育司长黄炎培、实业司科长刘桐均出席演说。

4 月 23 日，先生出席江苏省议会第十一次议事会，宣布设置观察使案（经众议员讨论，各存意见，互相争执）。

4 月 24 日，先生出席江苏省议会预算审查会议，代表应省长说明苏漕照旧，暂为国税，另筹新税，以补地方税缺乏等情况。

注：应德闳（1876—1919），字季中，浙江永康人，清光绪二十四年（1897 年）举人。民国元年 6 月 13 日任北京政府财政部次长，11 月 19 日任江苏民政长，1913 年“二次革命”爆发后，以不赞同江苏独立，与江苏都督程德全于 7 月一同托故离宁赴沪。9 月 6 日袁世凯免其江苏民政长职，从此隐居上海，不再为官。1919 年在上海病逝。

5 月 18 日，先生陪程都督参观造币厂。

1913 年 5 月 20 日《时事新报》报道：是日（十八日）下午五时，都督始到造币厂，该厂厂长夏翊宸先事预备西餐，邀请金陵厂监黄瑞麟、内务司长马士杰、财政司长龚子英陪坐，迨都督回辕，时已八点钟。并闻是日该厂人员出入均有临时符号，厂长科长采用金质，科员以下则用银质，秩序甚为严整。

6月5日，先生接待张謇来访，“筹议竟日”，会商江苏财政预算事宜。

6月、7月，先生代理民政长。

1913年6月8日《申报》南京电：应省长赴京，该署一切行政均由内务司长马士杰代拆代行。

1913年6月17日《申报》北京电：苏省长应德闳到京即病足，一时难回。南京电：代理民政长马士杰昨委任瞿式虎为丹阳县知事。

1913年7月4日《申报》南京电：代理省长马士杰因奉中央裁员减薪令，昨与各司人员商议，将于裁并各司各科人员之后，实行减薪，均照原有薪俸递减，闻省长薪俸三折减领，司长薪俸以四折减给，各科长科员以六折减给。俟应省长回省，即条请表决。

7月10日，先生忽然生病。

1913年7月11日《时事新报》报道：内务司长马士杰，于昨日忽患吐泻之症，势颇盛。

8月4日，先生在上海参加恢复地方秩序之会议。

1913年8月6日《大公报》载《恢复地方秩序之会议》：苏都督程雪楼，苏民政长应季中，第二师师长章驾时，行政公署司长马士杰、龚杰、黄炎培等，前日在沪北钱塘会馆，集全省军政、民政司、师团各长会议，到会者八十余人，程应两君以刻下苏省地方糜烂，已不堪收拾，而以上海为最，急应维持秩序，以安居民。现中央政府已允本省设立行署于上海，应如何组织机关，共挽危局，其军警饷，仍由府中拨发……

注：1912年1月，中华民国成立。上海地区属江苏省，有上海、华亭（后改名松江）、嘉定、宝山、川沙、南汇、奉贤、金山、青浦、崇明等10县。1914年，江苏省划分为沪海、金陵、苏常、淮扬、徐海等5道，其中沪海道驻上海县，辖今属上海市的上海、松江、南汇、青浦、奉贤、金山、川沙、嘉定、宝山、崇明等县以及今属江苏省的海门县。1925年，北洋政府允准上海改为淞沪市，仍归属江苏省。1927年7月7日，上海特别市成立，直辖于中央政府，上海始有直辖市一级建置。

9月，先生收到罗良铎信件，罗自证清白，提出辞职。

1913年9月10日《申报》载《罗良铎致马士杰书》：隽卿先生左右阅：报载众议院议员陶宝晋关于程应之责问书内，有内务司长逆知探访局长罗良铎联络乱党，谋为不轨等语，不胜诧异。良铎服务宁垣于兹八载，即与执事共事亦越一年，此一年来，良铎对于为乱匪徒，搜捕惩戮，案牍累累，他人容不尽知，执事则亲所闻见，南京自光复以后，匪徒思逞，人心恐慌，铎对于职务幸无陨越，未酿事变，自问并无负于地方，亦无负于执事。明知此种谰言，决不出诸执事之口，且该议员等，淆乱黑白，颠倒是非，所诬蔑者不仅良铎一人，所捏造者不止探访一事，本无与辩论之价值，惟恐累及执事名誉，未敢缄默，拟请执事电询该议员等，果有何种证据，即日明白答复为要，抑更有进者，此次宁垣之变，全系上级军官为之主动，并未别有组织机关，更何有联络运动之可言，读程都督有日通电及大总统迭次电令，其中情蕴自应了然，然乃该议员等偏欲故反其词，以与事实相反，世风如此，议员如此，尚复何言。良铎即日归隐故乡，不问世事，未获诣辞，不胜跂仰之至。

9月13日，应省长将印信交给先生，暂行兼护。

1913年9月15日《申报》载《应省长交卸》：江苏省长应季中君请免，本官已奉允准，急欲交卸，前日电致新任省长韩国钧，促其来苏接任，迄无回电，近日闻韩又有辞职之说，则来苏之期，尚难预定，应君即于九月十三日，将民政长印信，交内务司长马士杰，暂行兼护，一面通电报告交卸情形，即于是日午刻趁火车赴沪矣。

1913年9月15日《时事新报》报道：应省长以军饷孔亟，节前须三十万，月内共须一百万元，方可敷衍，一时无法可筹，不待交卸而径去，印信文卷由内务司马士杰收管，省事无人过问。

9月19日，张勋致电先生，要求将行政署即日移宁。

1913年9月19日《时事新报》苏州专电：张勋有电致护理省长马士杰，将行政署即日移宁，闻马颇踌躇，拟俟韩国钧到任后，再行办理。

注：张勋（1854—1923），字少轩，江西奉新县人。中国近代北洋军阀势力之一。1913年"二次革命"中，张勋奉袁世凯之命攻入南京，镇压讨袁军，9月被袁世凯任命为江苏都督。

9月23日，先生率各科人员赴宁，安排省公署从苏迁宁事宜。

1913年9月26日《申报》载《省公署定期迁宁》：江苏省长韩国钧于九月二十一日在苏接印等情已记前报，兹省长定于九月二十四号迁赴宁垣办公，预饬内务司长马士杰于二十三号率同各科人员赴宁，并料理公署房屋等一切事宜，其交接使仍留苏垣办事，韩省长并将苏垣都督府前卫队一连带赴宁垣公署为卫兵，已饬该队长周正青予为料理，随同启行矣。

按：清朝建立后改南直隶为江南省，江南省包括现在的安徽、江苏、上海二省一市。康熙六年（1667 年）将江南省分置为江苏、安徽两省，江苏以“江宁府”“苏州府”首字而得名。1911 年 12 月革命军攻占南京，1912 年 1 月 1 日在南京成立中华民国临时政府。江苏成立江苏省都督府，程德全为第一任江苏都督，驻苏州。苏州是江苏民国时期的第一个省会，南京为中华民国临时政府驻地。1912 年 3 月，袁世凯于北京就任第二任中华民国临时政府大总统，北京成为我国首都，1913 年 9 月，江苏都督府及主要行政机关移驻南京，南京成为民国时期江苏第二个省会。（1927 年 3 月，北伐军攻破南京，4 月，国民政府于南京成立，称南京国民政府，以南京为首都。南京升为特别市，有国民政府直辖，自此南京与江苏分置，但江苏省政府仍寄驻南京，到 1929 年江苏省政府移驻镇江，镇江成为江苏第三任省会。）

10 月，先生被议邀去京襄办币制。

1913 年 10 月 2 日《大公报》载《议邀马士杰襄办币制》：国务院某员云：昨星期一上午熊总理在国务院会议时，提及国币定制与财政金融国际利益、权衡损失等问题，与汪伯棠、梁任公两总长讨论甚久，仅闻熊总理谓前代江苏民政长马士杰于币制学识均有研究，拟电邀马君来京襄议币制修正案。

10 月 8 日，国务院发电给张謇，询问“马士杰、黄炎培、黄以霖等是否附逆，已否离任?”张謇致电时任总理兼财政总长熊希龄:“查马等既抵附逆，亦非擅离。”

按：1912 年 1 月 1 日，中华民国建立，孙中山就任临时大总统，为防国家分裂，1912 年 4 月孙中山辞职，临时参议院选袁世凯任临时大总统，首都迁至北京。此后至 1928 年间中华民国政府称“北洋政府”。袁世凯在北京建立北洋军阀政权，对内镇压国民党，对外出卖国家主权。1913 年 7 月，孙中山组织了中华革命党，发动二次革命，讨伐袁世凯，遭到失败。国务院致电张謇，就是想了解马士杰等人对国民党的态度。

10 月，先生因遭宁人攻讦请辞，省长慰留未允。

1913 年 10 月 16 日《时事新报》报道：内务司长马士杰，主持整顿吏治，淘汰冗员，沽怨灰心辞职，省长极意挽留。

1913 年 10 月 20 日《大公报》南京电：内务司长马士杰辞职，韩民政长极力慰留。

1914年（民国三年），先生49岁。

1月，韩省长赴沪，公署事务由先生代理。

1914年1月17日《申报》南京电：韩省长赴沪系奉中央电令商议要事，现省公署一切职务由内务司长马士杰代理。

2月，先生呈请辞职，韩省长极意慰留。

2月，省公署设约法会议议员事务所，先生兼任筹办选举事。

3月，先生请辞职。

4月15日，韩省长赴京，公署事务由先生代理。

4月17日，先生请辞获民国北京政府批准。

1914年4月19日《申报》载《四月十七日大总统令》：代理国务总理孙宝琦、内务总长朱启钤呈，据江苏民政长呈称，江苏内务司长马士杰呈请辞职，马士杰，准免，本官，此令。又令，任命王舍棠为江苏内务司长，此令。

6月8日，内务司人员为先生饯行。

1914年6月9日《时事新报》报道：昨日内务司全体科长科员，在张家花园公饯司长马士杰，并拍照以留纪念。

6月，内务司编辑《江苏省内务行政报告书》，先生作序。

按：先生主持的内务司于年初编辑《江苏省内务行政报告书》，该书是报告江苏全省内务行政状况，非纯统计性质，故名报告书。报告书从民国建立至民国二年12月止，全书分首编：绪论；上编：省行政机关、县行政机关、县市乡自治机关；下编：土地、人口、选举、礼教、警察、土木、卫生、救恤。综观全书内容类似于今天的江苏年鉴。

《江苏省内务行政报告书》序言如下：

一国之兴亡强弱，恒视乎内政之良楛得失，以为衡自欧洲政学大昌。近百年来，凡国家之制度文为，无不有精密统计。譬诸一家举凡财产人口之数，虽至纤极屑，皆可详稽簿籍，条理秩然，家欲不兴得乎？民国肇基，方以法治责，望各行省内务部饬办。民国二年统计可谓知所本矣，顾统计以精密为归，仍以详细为主。罣漏不完与向壁虚造，厥弊维均，统计能否精密，要视国家政治之完缺，为正比例。今日统计之缺略，诚无足讳，然他日由缺略而进于精密，以觇我各省政治进步之真相，则吾苏内务统计之始基，又曷可没有哉。苏省从辛亥十月后，改革较锐，南京又为临时政府驻在地，于政策多采急进主义。其时机关凌乱，一省之中四分五裂，几无内政可言，然任事者，固无日不力谋统一以期逐渐整理。其间约可分两时期，元年十二月以前为预备军民分治时期，十二月至二年六月为实行分治时期，惟此时期中，全省喁喁望治，内政稍稍有端绪，迨七月宁乱发生，九月而宁垣收复，终是年之季，整理善后，他无足称。亦仅求回复其原状而已。综计两年中，时事孔棘，变乱迭乘，破坏之未已，遑云建设。且机关变易卷帙散亡，文献无征，搜集不易。以言统计，瞠乎远甚，第就两年中经过之历史，递嬗之事，实有可以补苴缀拾，汇集成帙者，姑视为一种之报告云尔。顾念吾苏自革政事起，全省鼎沸，首召集临时议会，尊崇议案，以范围人心。两年以来，凡所措施务求以法治为标帜，树一省之初基，示民国之正轨，实为前民政副司长沈君信卿规画之力居多，则今日能保此统计基础，夫岂易易。士杰任事差久，业脞良多，明知全书中缺略迭见，何足言统计，然果使后来继续办统计者，得由此缺略以渐进于精密，则他日吾苏内政之进步，又岂有涯量哉。民国三年六月。内务司长马士杰。

7月，任江北运河工程总办。

按：从1913年10月开始，先生多次呈请辞职。据1914年5月20日《申报》报道，时任江苏民政长韩国钧不仅极力挽留马士杰，还请其担任疏浚运河督办，先生力辞，但韩国钧以地方义务为辞相劝，先生不得不打消原来的念头。

自晚清以来，随着黄河北徙，漕运废弃，大运河治理不再受到中央政府的瞩目。中央政府的退出意味着国家财政支持的断绝，进而导致江北运河年久失修，对整个苏北地区都产生了不利影响。为此，韩国钧计划就地筹款浚治运河。他向马士杰表示，大举施工治运要有详细的数据作为依据，而运河下游清江至瓜洲段向来没有实测详图，为施工之预备计，必须先行勘测，更为重要的是，就地筹款“图始为难”，马士杰作为本地人士，不应逃避“地方义务”。话说到这个份上，先生只能接受任命。（夏林《马士杰与筹浚江北运河工程局》）

韩国钧之所以一定要先生负责筹备治运，主要是借重先生的身份、人脉和能力。韩国钧十分清楚，就地筹款必须得到地方绅商群体的同意和支持，而先生为地方绅商群体中的一员，担任内务司长一职更是扩展了他的关系网络，无疑是沟通的最佳人选。

先生在韩国钧的敦促和委派下，开始为筹款治运而奔走，并取得了积极进展。当年7月，韩国钧召集淮安、宝应、高邮、江都、泰县、东台、兴化、盐城等八县士绅在省署开会。会议议决分 3 年筹措治运工费 100 万元，同时决定，委任先生总办江北运河工程，设局于江都。8 月，筹浚局正式成立。

注：韩国钧（1857—1942），字紫石，亦字止石，晚号止叟，江苏海安人，人们敬称其为紫老。1857 年 3 月 29 日生于江苏海安镇，商人家庭。清光绪五年（1879 年）中举，在朝廷先后任河南镇平、祥符等县知事，铸钱局总办，河北矿务局总办，吉林巡按使等职。民国成立后，历任江苏省民政长、安徽巡按使、江苏巡按使、省长、督军等职。

7 月，韩国钧邀先生赴扬磋商浚河事宜。

1914 年 7 月 1 日《申报》载《磋商浚河认款》：韩巡按使因挑浚运河需款甚巨，特请前内务司长马士杰赴扬州晤姚运使，磋商认款暨征收办法，兹马君于日昨由宁乘车过镇，暂驻行旌，即改坐小轮渡江赴扬。

1914 年 7 月 22 日《申报》南京电：韩巡按使电姚运使，谓运河筹捐计有成议，已催马士杰来扬晤商一切，事期必成，盼速解决。

8 月，大总统批令，同意韩国钧所呈筹浚江北运河及先生为总办的方案。

《江苏政府公报》（1914 年）载《大总统令》：江苏巡按使韩国钧，呈拟疏浚运河，就地筹款，分年施工，并以前江苏内务司长马士杰为总办，请饬部局备案由。江北运河淤塞，水利未兴，该使筹议疏浚，具见尽心民事，所需款项，就地筹拨，不动国帑，尤能力任其难。应即准予照办，交内务、财政、农商三部暨全国水利局查照。此批。中华民国三年八月十一日，国务卿徐世昌。（大总统印）

12 月 2 日，先生谒见齐巡按使，请拨经费，疏浚运河，以

工代赈。

1914 年 12 月 3 日《申报》报道《开运河，以工代赈》：现值冬令，江北饥民饥寒交迫，赈恤难以普及。日昨，江北运河工程局长马士杰来省谒见齐巡按使，请拨经费，乘此河水浅涸之时，招集饥民，疏浚河道，以工代赈，齐使嘉纳其言，闻已饬财政厅酌量筹拨矣。

注：齐耀琳（1863—？），字震岩，吉林伊通人，清光绪二十一年（1895 年）进士，授翰林院庶吉士。1898 年后历任直隶曲周、清苑、宣化县知县，遵化直隶州知州，河间府、保定府知府等职。1908 年出任天津道，后任安徽按察使。1914 年 7 月任江苏巡按使，1916 年 7 月改任江苏省长。1920 年 8 月以欺压民众、枉法贪赃等情，被江苏省议会弹劾，9 月免省长职，后任北京古学院经史研究会研究员，1949 年去台湾。

1915 年（民国四年），先生 50 岁。

是年，先生协调苏鲁治运。

按：据《苏鲁运河会议之略史》记载和夏林在《马士杰与筹浚江北运河工程局》文中研究，先生就任筹浚局总办后不久，就遇到一件棘手之事——与山东会商治运。苏北地区位于山东下游，是沂沭泗诸水系的行水区域。除沭水外，其余诸水系的入江入海之路皆以运河为承转。山东一旦治水，势必加重江北运河的负荷。以当时江北运河之淤塞，上游水量的增加，极易酿成水患。差不多与江苏同时，山东也因为鲁南地区运河、湖泊、河流日益淤垫，设立筹办山东运湖河疏浚局，由当地士绅潘复主持，准备兴工治理。自此，苏、鲁两省围绕治运问题展开多次讨论。作为筹浚局总办，先生全程参与其中，努力维护苏北地方利益。

1915 年 6 月 3 日，先生与潘复在江苏邳县、山东峄县交界的台儿庄会晤。经过双方协商，最终决定：两省分别从事测量，在测量完成后，再协商拟订全部的治运计划。总的原则是统筹分治，“苏省治运要在使上游无壅遏之灾，鲁省治运要在使下游有消纳之量。”

先生在高邮设立江北水利工程讲习所。

1915 年 3 月 1 日《申报》刊登《筹办运河工程附设水利工程讲习所简章》《江北运河工程局详报附设水利工程讲习所文》。

《详为江北运河工程局附设水利工程讲习所请鉴核立案事》如下：

窃以疏浚河运，其主要之点一曰经费，二曰人才。现在各项经费筹议已有端倪，抽捐代征均可定期收集，惟运河从山东入江苏境达于瓜口，绵亘七百余里，凡经历各县支流汊港，东西两岸闸洞之宣泄，湖泊之停潴，以及沂泗下游分道入海，其关于水道工程触处皆是，且与图之测绘，田亩之清丈，皆须切实进行。则此项工程人才，实今需要最急之事。若非预为筹备工程开始，既苦供不给求，他日测绘丈量地方无此人才，规划更何从着手。士杰滥膺治河之役，值此筹备运河工程局，附设水利工程讲习所，专造就水利工程人才，以应治河急需。校址，就运河冲要之高邮县旧有私立庆成小学校，借用校舍校具，酌加修缮添置以节经费，暂收本科学生一班，速成科学生一班。每班各六十人，学生先尽淮扬徐海之各县招收，淮扬各县每县每科各送三人，徐海各县每县每科各送二人，本科学费四十元，速成科学费二十元，由各县在于地方公款或学款内按数筹支，汇解职局，惟膳宿费应由各县学生自备照章缴纳。毕业之后，各在地方服务，期限本科三年，速成科一年。本所各项章则悉依部颁规程办理，惟速成科学生系为造就技术人才，暂应急需，一班毕业之后随时察酌情形再行添开。本科一班，本科年半毕业，在此运河工程三年期内，尚可毕业两班，实与地方水利工程人才造就匪浅，本所常年经费除收各县学员及学生膳宿费外，不足之数月尚须补助四百元，查运河关系江北全局，此项工程人才需要尤迫，在于运河工程经费项下按月列支。藉资补助至开办经费核实节约需洋四千元，并请在于工程经费项下提拨二千元，其余二千元即在本局经费项下。力求抟节之款尽数凑补。本所开学时期查部定每年八月为学年始期，值此河工需才孔亟，尚乞量予变通，从本年春假后开学，俾可及时兴办，现在省城筹设河海工程学校，自系高等专门，此种水利工程讲习所，实应普通之需要，江北地方水利造福宏钜，此种学校筹备伊始，非得学有专门，热心教育之员主任其事，不足以资作养，而策进行。应请由钧坐委任所长一员，以资筹办所中各项章则，统候委定所长后，分别订定详送察核，所有议设水利工费，讲习所规定经费，并请委任所长，各缘由谨先附具简章，概算，清折三扣校图二幅，具文详请鉴核指示祇遵，无任屏营，特命之至。如蒙批准并求饬行江北各县，一体遵照办理，各县送验学生务尽三月二十日，齐集高邮县，向水利工程讲习所报到，听候考验，逾期概不收录，以凭截数开办，合并声明。谨详江苏巡按使齐。附简章概算清折三扣校图二幅。筹浚江北运河工程局总办马士杰。（按：此事已批准照办。）

按：民国四年3月2日，因河务测绘施工急需人才，先生于江北适中之高邮县设立江北水利工程讲习所。招本科学生一班，一年半毕业；速成科学生一班，一年毕业。资格以中学毕业及有相当程度者为限。那时江北水利工程讲习所因未建新校舍，即借用私立赞化宫的庆成高等小学校舍作为校址。校长为张佑如（东海人），学监（副校长）为高哲（高邮人），教员为孙云麟（高邮人）。孙云麟（1888—1979），毕业于南京高等师范学堂数学系。

民国四年8月，适国家水利局总裁张謇订河海工程测绘养成所章程，呈奉大总统令准通行。其章程与江北水利工程讲习所所定章程大致符合，乃由民国五年起，遵令改名江苏河海工程测绘养成所（简称“小河海”），仍附属筹浚江北运河工程局。民国八年，筹浚期满，培养本科学员三届，速成科学员两届，共126名。这批人中大多数成为我国水利事业中的栋梁。

4月，先生列席江苏省行政会议。

1915年4月13日《申报》报道：江苏省行政会议，江北运河工程局长马士杰列席，会议讨论议决两案，其中“为治水问题”，现山东安徽两省均在修筑河坝，江苏居两省下游，应特予先事研究本省水利，以免吴虞而获实，此案经内务科及水利处加以研索，江北治水之马士杰，对于本省水利情形多研说明，当议定预防方法，交水利处饬县遵行。

8月，先生不服高邮县对与陈谢氏账务纠纷案件的判决，上诉高等法院。

1915年8月7日《申报》载《高邮上诉案之判决》：高邮县人马士杰，因同源昌钱庄账务纠葛，与孀妇陈谢氏（该庄管事陈远齐之妻）涉讼，马士杰不服县判，来苏向高等法院提起控告，各情已记前报。兹悉此案前日高等审判厅宣告判决，民二庭庭长陈君宣布判词后，即向陈谢氏云，此事照控告人之律师所请，要将尔押起，勒交物件，现在本庭因尔是女流，不来押你，从宽着尔回邮，速将押包物件交出。陈谢氏（系被告人）回称，庭长依马士杰所请而判断，即属不公，我不服。陈庭长云，不服听你上告可也，此际颇有争论，旋由庭长顾庭丁云，叫他出去，遂退庭。

1915年10月5日《申报》载《孀妇讼案未了》：前充内务司长，现任江北河工局总办马士杰曾来苏，赴高等法院审判厅，控诉孀妇陈谢氏吞没同源昌店中契据押包一件案，现已由厅判决，撤销县判，改令陈谢氏交出押包物件。陈谢氏则以伊夫被店东亏款逼毙，今自藏匿账簿，反称有契据押包等件在氏处，心不甘服，已提出理由，具呈高等厅，请转送大理院上告，并闻陈谢氏以此次上告，如再不直，定赴平政院控诉云。

按：此案后经大理院终审判决，但孀妇陈谢氏仍然不服，1916年7月连续几天在《申报》上刊登喊冤告示。为此先生堂弟马士熙作为知情人也在《申报》上刊登启事，说明事实真相，对陈谢氏的“泣告”予以驳斥。

1916年7月20日《申报》载《马士熙启事》：士熙兄士杰在高邮开有同源昌钱店，辛亥光复，该店收歇，管事陈远齐亏空店款五千余元，在家身故。远齐先将店存契据押包票戳携回家中收存。远齐故后，伊晚年续娶谢氏心存不良，据为奇货。适熙兄回籍派人清理店务，谢氏措勒不交，迭次禀诉官厅理追，乃谢氏供认收存，迄不交出。延至民国三年，士熙代表诉追，迭经江苏高等审判厅暨大理院判决执行，各在案。今谢氏不遵执行，肆意诬蔑，谢氏为人及此，中虚实无剖辩之价值，一听诸天理上之昭察，良心上之制裁，惟民国法律所以保障人权，大理院终审判决，犹行此登报诬污之事。士熙有代表之责，谨述概略，用明是非。马士熙谨白。

10月，先生被选为江苏省国民代表。

1915年10月31日《申报》载《江苏之国民代表》：……在本省服务而著声望者有，如淮安代表谈荔孙，南京中国银行行长；常熟代表曾朴，江苏清理官产处长；高邮代表马士杰，运河工程局长；仪征代表卢殿虎，省署教育科长；丹徒代表柳保和等……附江苏省国民代表姓氏录……

1916年（民国五年），先生51岁。

6月，先生参加中国银行商股联合会，被选为干事。

1916年6月7日《申报》载《中国银行商股联合会成立续志》：中国银行商股联合会，前日在北市总商会开成立大会，选举正副会长及干事员，因干事票数较多，当时未及宣布，已志昨报。兹悉该会干事票数昨已检查宣布，特录如下：陈澜生七千六百五十五权，李复生八千一百零九权，孙景西八千零五十三权，马隽卿七千八百九十二权，钱新之七千八百七十四权，刘厚生八千零七十八权，周湘舲七千三百五十三权，李伯芝七千七百七十二权。

股东联合会，昨致北京国务院、财政部、中国银行云：中国银行商股正式成立大会，到会股东共十九万余股，选举张謇为正会长，叶景葵、林嵩寿为副会长，谨闻。中国银行商股联合会叩铣。

7月26日，先生与张謇等人致电段祺瑞，要求换掉中国银行总裁徐恩元。电文如下：

北京国务总理钧鉴：窃电敬悉，现查徐恩元代长审计院时，又与美商订印昭武钞票一万万张，冀为发展帝制之用，献媚侵权，虚糜国帑，舆论尤甚非之。其长制用局时，承印美钞万万，始终未得银行同意，已属荒谬。及代理审计院长，又有此秘密劣迹，未识又承何人之令，奚怪人言啧啧。至进洋员洛克司为京行副总理，授人以窥察全国财政之隙，来日流弊，何堪设想！道路传闻，谓此事系徐恩元独断，是谓擅专。今奉钧电，谓曾经院部允许，是谓蒙蔽。以全国金融枢纽，委诸无忌惮之小人，行基杌陧，商情动摇，闻者寒心，来者却步。商等血本所关，忧惶无措，用再恳切我总理，俯念国家银行关系重大，饬下陈总长勿拘成见，迅另择贤，以顺舆情而挽危局，不胜迫切待命。

中国银行商股联合会会长：张謇；副会长：叶景葵、林嵩寿；干事：李铭、刘垣、孙元方、马士杰、钱永铭、李士伟、周庆云同叩。（引自《张謇全集》）

注：段祺瑞（1865—1936），原名启瑞，字芝泉，安徽合肥人，中华民国时期政治家，号称“北洋之虎”，皖系军阀首领。孙中山“护法运动”的主要讨伐对象。1916 年至 1920 年为北洋政府的实际掌权者，临时执政，国务总理。

按：徐恩元，1885 年生，浙江吴兴人，早年留学英国，民国成立后任财政部制币局局长，1914 年为迎合袁世凯称帝心理，接受杨士琦建议，未经中行同意便向美商订印 200 万元印有袁世凯像且加“昭武”字样的钞票，曾引起国人的责难和唾骂。1916 年 6 月，陈锦涛担任财政总长，任命与中行频繁接触的徐恩元为中国银行总裁，此举引起商股联合会的忧虑和不满，于是，张謇、马士杰等人致电国务总理段祺瑞，请求换掉徐恩元。

8 月，兴化农会要求省长饬令先生力保五里坝。

1916 年 8 月 13 日《申报》载《兴化农会请保五里坝》：江北运河一带，水势日涨，当道拟开放五里坝，以资宣泄等情曾志昨报。兹悉兴化县农会为顾全室庐，苟免沉溺起见，公电省长，请求保全。原电云：南京省长钧鉴，天祸下河，田禾淹尽，室庐可危，马调办本无胆识，徒以股浩虚名，肆意口说，恐其临时轻启五坝，急图卸责，不顾亿万生命。恳求省长用左文襄严督河员，或例饬令马士杰力保五里坝，非得省令，不准启放，庶兴民余生不致断送工程局之手，临禀哀愤，迫切上闻。兴化农会叩。

按：为保护运堤安全，保持运河水位和漕运畅通，清政府在运河东堤上设置五座归海减水坝，即南关坝（又称五里坝）、新坝、中坝、车逻坝、昭关坝。到清代末期，昭关坝、中坝被废除，剩下三坝。后称归海三坝。归海坝设置是一个很大的难题，在抵挡不住高邮湖水上涨压力时，一旦开坝，里下河地区就尽成泽国，其中受害最严重的是兴化。如果不开坝，那么高邮城将被淹没。因而在开保归海坝问题上，高邮与兴化人的争斗时常发生。先生作为运河总办很是为难，好在那年未开五里坝。

9 月 11 日，先生提出辞职呈文。

按：虽然先生在筹备治运和维持局务过程中发挥了重要作用，但还是受到一些人的攻讦。最早受到攻击是因为 1916 年的水灾。当年 8 月，江北运河一带水势盛涨，8 月 8 日，界首子婴闸出险，11 日，界首南首马号东堤柴工也塌陷数十丈，后经下河各乡农民竭力抢救才得以避免溃决危险。社会舆论均归咎于马士杰等人未能事先修筑，敷衍塞责，致苏北于险境。1916 年 8 月 14 日《申报》载《江北水灾之惨状》一文写道："国家耗费河工款巨万，而马姚两河吏，于运河堤工未能先事修筑，遇水涨时，敷衍塞责，以致此次危险万状，咎实难辞。"

迫于舆论压力，先生遂以身体抱恙为由提请辞职，《马士杰辞职呈文》刊登在 1916 年 9 月 11 日《申报》上。但他的辞职受到国家水利局的极力慰留。《申报》1916 年 9 月 14 日登载《南京快信》：全国水利总裁谷钟秀昨来电，慰留运河开浚工程处督办马士杰。最终，在全国水利局和江苏省政府的挽留下，先生才没有辞去职务。

《马士杰辞职呈文》如下：

筹治运河局马士杰辞职呈云：为治运筹备已有端绪，因病辞职，呈乞鉴准。

事窃士杰于上年内务司辞卸后，绝意仕进。时值江北水患，省有就地筹款浚治运河之议，韩省长以地方义务相敦责。

运河下游从清江至瓜洲，西至洪泽，东至于海，向无实测详图，他日全局通筹，无以为施工之预备，且就地筹款，图始为难。士杰辞不获已，勉任筹备时期之责，声明在事之日，不支俸给。他日施工，另由专门工程人员主任其事，筹备之事就绪，即士杰解除责任之日，受事之初，曾经禀明在案。

自筹办以来，时届两年，督率测量各班，凡里运河及归江归海东下河各路线，次第测完。里下河各县河道，现分三班施测，年内可以竣事。筹款除查厘情形酌量附收，由上年一月，次第实行八县二分亩捐，屡次磋议，旋因部提此款，几乎中辍，续经呈准中央，留允竣河经费。从上年上忙或下忙起陆续带收，一面由职局会定保管章程，责成各县径解财政厅，款存中国银行金库，专款储存。职局并不经收分文。非经均座核准，财政厅发给通知书，不能动拨。盐务捐款，运商甫在淮运司署，禀认六万元，分年照缴，场食各商议有数目，不日亦将禀案。此二年中，筹款各节，奔走呼吁，历尽艰辛。现在定案者按照原筹百万，已达八成以上，其他如机船分布河干，实施疏挖。除省署原购连珠斗机船一艘发局应用外，复将前堤工局旧存弃废船壳两只，机器朽蚀不全，禀请修理，计成起重汽机两艘，手摇机船一艘，由上年六月详派工程处处长毕诒策，专任其事，月支经费遵照预算，撙节开支，均谨按审计章程，逐月造报在案。至预备水利人才尤为当务之急，上年三月，详情附设河海工程测绘养成所，由江北各县选派学生入所肄业，职局禀准每月补助四百元。本年速成科毕业学生，已选派里下河测量，各班实地练习。此后，正科学生亦将分年毕业。综计筹备各事历经困难，幸具端倪。所有本局筹定浚河经费，士杰并无经收分文，惟各县亩捐最占多数，现在已据报解者，通计仅有三万三千余元，应请饬行财政厅分别严催，俾免蒂欠，庶他日工程进行，确为有着之款。

近因履勘各处河道，染受暑湿，致患泄泻之症，迄未就痊，用特呈请钧座，鉴准解除筹备职务，另遴贤员接办，俾士杰得安心调理，以利病躯，而免旷职。

再本年临时防工，系奉迭次电饬驻邮督察，当伏汛猛涨期间，屡遭大险，徼幸支持，今水势逐退，防务渐就平安。查运河每年修防经费，向由上下游堤工事务所直接省署办理，士杰并不经营，此次驻工，本属临时奉委会同淮扬左道尹督饬万坐办、郭知事等，不分星夜，随时抢护，各该员实心任事，辛苦勤劳。士杰在工，既未承领款项，亦无委办工程，合并陈明。除将瓜岸石驳事宜责成瓜工提调江都知事周光熊、候补知事姚崇义等分别结束，另文造报外，所有士杰筹治运河职务因病辞职，各缘由理合呈钧座鉴准，以示体恤，无任屏营，待命之至。谨呈。

主持运河维护和疏浚工程。

《申报》报道：1916 年 9 月 30 日，马士杰向齐省长汇报水利情况后，乘火车过镇江，后改乘小轮回高邮。

1916 年 10 月 2 日《申报》载《马局长过镇》：江北士绅黄以霖君，扬属运河工程局局长马士杰君，均于日前同赴宁垣会晤齐省长，面呈水利情形，刻已公毕，黄马二君遂于日昨偕乘火车过镇，当即改乘小轮回高邮。

注：黄以霖（1857—1932），字伯雨，江苏宿迁人。1891年举人，历任湖北郧阳知府、候补道、署湖南提学使兼署布政使等职。1912年，在上海创办职业中学，与黄炎培分任正副董事长。与上海各界名流发起赈灾动员会，成立华洋义赈会（后改为江苏义赈会）。先后创办过耀徐玻璃有限公司和永丰面粉厂。1932年在上海病逝。

按：筹浚局除了筹措经费、培养人才开展测绘外，还为运河疏浚和维护方面做了大量工作。先生认为：购置之大概治运之策，就全部计划论，当以操纵蓄泄为主体，就现状整理论，当以疏浚淤垫前提，筑坝挑方，在南北交通之河道决难适用，自以购置机船为急。

筹浚局刚成立，省政府在南通资生厂定购了一艘连珠斗机船，调派给筹浚局试用，结果证明，由于运河中沙砾多而稀泥少，起重汽机船最为适用。为此，先生呈请省政府批准，将前清遗留下来的三艘废弃的机船改造成两艘起重汽机钢板船，向镇江船厂定购起重汽机钢板船两艘。此外，还将一艘手摇机船改造成起重汽机船，加上省府调给的，共六艘。先生将其中四艘放在下河疏浚，两艘在上河施工。至民国六年，两年中机船挖出运河中的沙砾泥土34440余方。

在运河维护方面，先生也主持实施了一些工程：从1916年3月开始，筹浚局用了三年时间，兴砌了江都县瓜堤碎石坡岸工程。1917年3月，兴办里运河自界首至马棚湾一带的切滩工程，1918年5月修车逻坝，目的是为了维护运河安全。

10月11日，颁布《大总统令》，授予先生四等嘉禾章。（1916年10月13日《大公报》）

按：嘉禾章是于1912年7月民国政府所设的奖项，共九等（后有变动），授予等级按授予对象的功勋大小及职位高低酌定。嘉禾就是生长得特别茁壮的禾稻，古人视嘉禾图案为吉祥的象征。民国成立后，嘉禾图案取代清代龙纹，经常出现在货币、徽章上，并具有简易国徽性质。

注：1916年时任中华民国大总统是黎元洪。

先生继续协调苏鲁治运。

1916年10月2日《申报》报道：淮扬徐海四属士绅黄以霖、马士杰、周树年、武同举、王宝槐、陈伯盟（武、王、陈均省议员），会勘运河，本日已在省会齐，淮属丁绅宝铨已函省长，因病目不能与议，王陈二君为淮属代表，四属士绅即与潘副总裁，由台庄下勘矣。

1916年10月28日《申报》南京快信：潘复、马士杰、周树年等会勘运河，今日（二十七日）可来宁，与齐省长就商一切。

1916年11月4日《时事新报》载《开会筹议治水办法》：全国水利局副总裁潘星航氏，查勘运河事竣，业已于前日偕马士杰等来宁与齐省长筹商一切。兹悉潘总裁因公赴沪，一行约于二日旋宁，订于三日下午在省议会开会研究苏省筹浚运河办法，并将各属人民折陈治水之请愿当场一一宣布，共同酌究，以何法为最云。

1916年12月20日《申报》报道：全国水利局副总裁潘复，本年九月间奉令察勘江苏运河……江苏省长推派苏绅丁宝铨等并委江北运河总办马士杰、水利处主任汪国栋偕同履勘，先由韩庄沿运南行，计自鲁入苏，水陆兼程，往返二千余里……

注：潘复（1883—1936），字馨航，山东省微山县人，民国

时期北洋军阀政府最后一任国务总理。幼年熟读经书，清末举人，被誉为江北才子。民国建立后曾任山东实业司司长、全国水利局副总裁、财政次长、全国河道督办、财政部部长、交通部总长、总理。

韩庄，隶属于山东济宁微山县。

按：上年台儿庄会议后，山东立即着手筹款施工，而江苏则因为经费短缺尚未进行。为防止山东以邻为壑，苏北士绅要求其提供筹款施工各项计划书以便进行研究。先生拿到计划书后，迅速召集地方士绅详加讨论。大家认为，山东治运计划的实质是使滨湖之地多数成田，以求增加税收，而尽量将水泄向苏北，这意味着苏北地区将蒙受水灾之害。因此，先生与士绅们呈请江苏省省长转呈中央政府，要求中央政府派遣水利专家会勘苏鲁运河事宜。1916年冬，中央政府派遣已升任全国水利局副总裁的潘复与江苏官绅一道会勘江北运河，并在会勘后召开会议，讨论筹治施工办法。先生全程参加了此次会勘和会议。不仅如此，先生还力请江苏省政府转呈中央政府："凡鲁皖两省与苏道水道交接之处湖口与门坝旧制一概不能变更。"这个提议获得了北京政府核准，有力地保障了苏北地方利益。（夏林《马士杰与筹浚江北运河工程局》）

1917年（民国六年），先生52岁。

2月25日，先生赴宁晋谒冯督军、齐省长，面陈江北水利情形。

注：冯国璋（1859—1919），河北沧州人，直系军阀首领。1913年12月出任江苏总督，1916年11月就任中华民国副总统，曾任较短时间代理总统。1919年病逝。

3月，先生因筹议江北水利，连日晋谒齐省长，磋商一切。

3月，先生附股益源钱庄。

1917年3月4日《申报》：安徽督军张少轩，现在扬城开设益源钱庄一所，资本四万金，地址择定多子街德新衣店后进房屋，延前复茂管事，李和甫为经理，江北运河工程局长马隽卿及济南大源两公司亦有附股，开幕日期尚未择定也。

注：1917年张勋以调停“府院之争”为名，率军进入北京，于7月1日拥溥仪复辟，12日为段祺瑞的“讨逆军”所击败，逃入荷兰驻华公使馆，后于天津病逝。

4月13日，先生陪同全国水利局副总裁潘复晋谒齐省长，晤商江北运河事宜。

4月15日，齐省长派政务厅长曹豫谦宴请全国水利局副总裁潘复，先生陪坐。

6月，先生据里下河各县人民之请求，特令上游坐办万玉钰

商诸岸商公所，派员将三河坝（即礼字坝）启放宣泄，俾使农田插秧。

6月，先生垫款给筹浚局员工发薪水。

1917年6月27日《申报》报道《垫款发给薪水》：运河工程局经费，因省垣款项支绌，无从领取，各员司薪水已数月不发，局长马士杰因时届端午，员司需用逾恒，特筹垫三万元，先将五六两月各员薪水发给，以示体恤。

按：为使筹浚局得以维持，先生是苦心经营，筹浚局的治运经费源自地方，常常被截留和挪用。先生不得不付出极大的努力来筹措。按规定，筹浚局员工的工资应由江苏省政府负责，但这部分经费也常被拖欠。1917年6月间，筹浚局员工已数月未领薪水，而端午节将近，不得已，先生自己筹垫3万元发放5月和6月两个月员工的工资。先生自己总办筹浚局几年，不领报酬（“声明在事之日，不支俸给”），而且还自己垫款给员工发工资，可见先生为筹浚运河作出了很大的奉献。

7月，先生督查运河防汛。

1917年7月27日《申报》报道《防守运河堤工》：江北运河一带伏汛大涨，水势奔腾，几与堤平，加以连日风狂雨骤，各处埽台坝工及低洼河堤，半皆塌卸，危险堪虞，运河工程局马士杰局长，现正分饬高宝各汛留守员弁，日夜驻工防守，毋稍疏虞，一面购办柴料，将塌之处加高修筑，以免溃决。

8月，先生察勘运河水势。

1917年8月11日《申报》报道：江北运河工程局长马士杰，以运河一带秋汛水势必涨，堤岸急应以防护，特于日昨由扬起行，亲往高宝氾等处，察勘水势，以便预筹弥患办法。

撰就《治运筹备概略》一文。

按:《治运筹备概略》全称《筹浚江北运河工程局筹备时期概略》，这篇文章实际上是先生总办筹浚局的一个工作总结和思考。

全文分这样几个部分：一、治理运河的重要性。二、筹治运河基本方略及三年来艰辛历程。三、筹备工作分条概述：1. 筹款之大概，原议治运经费预算 100 万元，其中 60% 在淮安、宝应、高邮、江都、泰县、东台、兴化、盐城等 8 县农田中按亩带征二分，40% 部分货捐附收及航运业捐收。2. 实测之大概，“欲为全局通筹，自须先从实测入手，爰分班施测，逐期进行，历时三十余月，计程近三千里。”3. 储才之大概，在高邮开办河海工程测绘养成所，已毕业两班，择优来局服务，尚有两班学成后各展所长，应地方之需。4. 购置之大概，先后修理购置 5 艘机船，加上省调拨的 1 艘，计 6 艘，机船施工以来，出土 34440 余方，涸水滩露，则用人工挑挖土方 23200 多方，合计出土近 6 万方，均分别增储两岸。5. 收支之大概，自运河局筹办以来至 1917 年 6 月，收入 213828.02 元，支出 240011.21 元，收入相抵不敷银 26183.19 元。四、附“江北治水概说”，阐述治运理论。先生认为：今日治水之大要，当求其上游来水之量与下游去水之量能否相抵，以及湖河之流量，地面之容积能否酌盈，剂虚是不外先有正确之测绘，与精密之调查，譬诸治病必先求其病原，了然于攻下，峻补温通凉散之所宜，据以定方济之良药，而后厥疾可渐瘳。最后先生说他自己“三年奔走，实地勘查，区区之愚，抱此宗旨，幸同乡明达诸公讨论，而是正之”。

先生加入上海中华职业教育社，为特别会员。

按：据《上海中华职业教育社志》记载，1917 年 5 月 16 日，黄炎培联合社会知名人士蔡元培、梁启超、张謇等 48 人在上海发起创办了中华职业教育社，以倡导、研究和推行职业教育为职志，追求“使无业者有业，有业者乐业”的理想。中华职教社成员为会员，立社之初，由中华职教社章程规定，凡办理职业教育者、或有志研究职业教育者、或热心提倡职业教育者，经社员二人介绍得以入社。社员分为普通社员和特别社员两种，普通社员每年纳费2元，特别社员每年纳社费为20元。一次性纳特别捐费200元以上者为永久特别社员。先生是职教社的积极参与者，为特别社员。

注：1917年10月《教育与职业》第一期刊布了中华职业教育社永久特别社员、特别社员和普通社员名单，先生名列“特别社员录”中。

黄炎培（1878—1965），字楚南，改字任之，浦东川沙人，1902年江南乡试中举，1905年参加同盟会，辛亥革命后任江苏省署教育司司长。中华职业教育社发起人，我国近代职业教育的创始人和理论家。1941年与张澜等人发起组织中国民主政治同盟，1945年又与胡厥文等人发起成立民主建国会。新中国成立后，历任中央人民政府委员、国务院副总理兼工业部部长、政协一届全国委员会常委、第二、三、四届政协副主席，一、二、三届人大常委会副委员长，中国民主建国会主任委员等职。

按：黄炎培与先生在中华民国初期，同在江苏省署任司长，两人遂成为好朋友，据马兆祉回忆，先生十七女马正宜在上海结婚，证婚人是黄炎培先生。

11月20日，颁布《大总统令》，授予先生三等嘉禾章。

1918 年（民国七年），先生 53 岁。

1 月，先生与山东官员商鲁水疏泄问题。

1918 年 1 月 7 日《申报》报道：鲁省运河水势因京奉水灾影响，颇有泛溢之患，拟大举疏泄，江北运河地居下游，为行水所必经，闻鲁省已派员与筹浚运河工程局总办马士杰筹商。

1 月，先生参股的公司被人卷逃巨款，先生与有关人员会商善后办法。

1918 年 1 月 15 日《申报》报道：济南大源公司扬店跑街张紫棠卷逃巨款，经该公司查明，携逃庄票四万八千九百二十串，淮扬镇守使马玉仁、运河工程总办马士杰及周毅人等均为该公司股东之一，现因此事发生，于昨日联袂赴申会议善后办法。

1 月 29 日，先生查勘运河瓜洲圩，定于日内施工。

1918 年 1 月 30 日《申报》载：齐省长近令运河工程局马士杰，将运河瓜洲圩堤乘冬令水枯，迅办第三届工程，以重堤防。马局长遂于日昨会同江都县赵知事，暨河工提调各员至三汊河瓜洲一带查勘，一切定于日内兴工。

3 月，先生与韩国钧等绅商给总统发电，挽留督军李纯。电文如下：

北京国务院代呈大总统钧鉴：李督军继任以来，规随维谨，干戈满目，匕鬯不惊，不独吾苏恃为长城，即国家亦倚为柱石，群情爱戴，允无间言，不谓去志忽萌，谣诼顿起，商旅里足，宄生心安危之间，间不容发，设于多事之秋，竟有更迭之举，一省固多纷扰，且令和平枢纽于兹，划除大局，又何堪设想，为此联袂吁恳于我大总统之前，伏乞独伸乾断，毅然慰留，俾翕舆情，而固吾圉幸甚。

韩国钧，丁宝铨，冯煦，马士杰，仇继恒，苏锡岱，谈荔，孙曾朴，黄以霖，许鼎午，张鹤弟，公敬寒。（1918 年 3 月 18 日《申报》）

注：李纯（1867—1920），字秀山，天津人。北洋政府江西督军、江苏督军，长江三督之首，直系军阀。

按：1917 年，江苏督军冯国璋赴北京就任代理大总统，江苏督军由李纯担任。同年，孙中山发动护法运动，主张武力统一的段祺瑞和主张和平统一的冯国璋形成对立，以江苏督军李纯为首的长江三督主和，要求段祺瑞停止军事行动，而主战派全力攻击李纯，李纯为防团体分裂，向中央提出辞职。正是在这样的情况下，江苏绅商发电给大总统冯国璋，要求慰留李督军。

6 月 2 日，先生致函韩国钧，谈浚治运河平面测量之事。详情如下：

止公大鉴：前日寄上一函，内附大源函一件，计邀察览。昨奉手书，敬悉一切。平面测量决计必办，按淮、扬、徐、海四属酌分三期办理，专为养成所学生毕业后尽数支配。议案久已定稿，因地方旱灾迟迟不敢提出。

三河坝因盐务争执仅南小坝卅丈，过水尺余不敷救济，刻已向淮北运副切实交涉，要求续启，不卜能否办到？幸旧历望后连日密云微雨，昨晚更得雨二寸有余，能接续不断，梅雨沾足，大局尚有转机。忧国祝年丰，想我公当亦同此感想也。

第一期平面测量，如建议能行（此事实行之时，必须商承于公，经费筹计，尤赖主持），秋后即可举办（经费拟就江北各县食岸每斤加收一文，全年约可得五万千，弟近在扬州与食岸各盐商尚能接洽，故妄拟做此难题也）。一切经费，力从节省，将来即请沈豹君兼任其事，较为便利。专复，敬颂潭安。书不尽言。弟士杰拜启。六月十二日。（引自《韩国钧朋僚函札史料选编》）

先生总办筹浚局工作受质疑。

注：1918 年 11 月 3 日《申报》南京快信：省议员徐庭启提出江北运河工程局溺职违法质问书，昨由会资请省署，请于五日答复。

按：有文章研究，先生为什么受质疑指控，是因为江苏士绅中存在派系权力斗争，而治运经费问题的提出应该是出于派系斗争的需要。比如，在 1918 年 12 月 30 日江苏省议会上，徐庭启请将“江北运河工程局江南水利局不交决算，故意违法紧急酌议案”提交讨论，结果一部分反对者纷纷避席，导致参会人数不足而作罢。（《申报》1918 年 12 月 31 日《苏议会闭幕纪》）

王宝槐会办筹浚局，先生增加了一个副手。

1918 年 12 月 27 日《申报》载《河工会办任事之咨照》：

江海关冯监督接筹浚江北运河局总、会办马士杰、王宝槐咨文云：奉省长指令，敝总办呈，治运河筹备，粗有规模，工程进行，恳派专员筹办，由奉令呈悉，该总办经营河工于兹三载，筹款实测煞费苦心，惟据称全部计划诸待进行，工程事宜，需员专办，已添委王宝槐为会办，以资襄助。该总办仍当悉心规画，勉任其难，以期早观厥成，是所厚望等因。敝会办奉省长委任令，查运河工程，范围日广，关于堤岸之修治，闸坝之改良，胥关紧要，非得专员分任，不足以策进行。兹查有该员谙练工程，富有经验，堪以委任该局会办，即日到差，关于工程事宜，会商马总办，妥为办理等。因敝会办遵于本月二十一日到局任事，除呈报并分别咨行外，相应咨会贵监督，请烦查照。

按：早在筹浚局成立时，先生就特意声明，水利工程乃专门科学，他既不具备专门知识，又无工程经验，因此只能承担筹备任务，若进入工程实行任务，则须另择贤能。这体现了先生自知之明和对治运认真负责的态度。当治运筹备粗有规模，工程已经进行之时，先生向省署提出要求，派员专办，于是省署同意，派王宝槐来筹浚局担任会办，从此先生不再具体负责工程事务了。

注：王宝槐（1868—1952），字叔相，本姓冯，幼年过继其外祖父王瑞云为孙，故改姓王。早年，参加中国同盟会，辛亥革命后，孙中山任临时大总统期间，曾任过短期的巡行督办，被授予二等嘉禾奖章。袁世凯继位后，愤然辞职，赴欧美考察，留学法国，专修水利，企求走实业救国之路。北伐战争开始后回国，在谭延闿司令部任高参。嗣后，任国民政府水利委员会委员、总工程师。国共分裂后，辞去公职，回到淮阴，发展保婴堂药厂和王氏织布厂。1931 年高邮特大洪灾后，任江北运河工程善后委员会工程委员、高宝段东堤工务所主任。抗战期间，支持新四军革命活动。1945 年 11 月，苏皖边区政府成立，被选为边区政府副参议长。中华人民共和国成立后，任治淮委员会技术顾问。1950 年，将自家土地 34700 平方米，520 间厂房的保婴堂药厂和王氏织布厂，连仪器设备，价值 30 万元的资产交给人民政府。

1919 年（民国八年），先生 54 岁。

2 月 27 日，颁布《大总统令》，晋给先生二等嘉禾章。

3 月 8 日，先生参加苏鲁运河会议，散会后与苏绅段书云、黄以霖、沈铨等人回原籍。

3 月 11—12 日，先生受张謇邀请去南通修订《江淮水利施工计划书》。

3 月 13 日，先生与张謇、王为毅等人游军山、黄泥山。

3 月 17 日，江苏召开省议会会议，会上议员钟善道提议“马士杰溺职违法，应咨请省长派员查办紧急动议案”。

按：因连日大会均不足法定人数，以致所有提案难以开议。

5 月 18 日，先生与水利协会会长黄以霖，因运河工程事晋谒齐省长。

8 月，先生受省专员调查。

1919 年 8 月 9 日《申报》载《密查马局长控案》：高邮马士杰自充江北运河工程局长后，于所收捐款，应修工程从未明白宣布，致迭被各县士绅在省指控，并由省议会咨请省长查办在案，现扬地绅民周某等复申前请，闻齐省长业已密委专员来扬调查矣。

是年，先生向扬州中行借轻息贷款。

注：据《扬州金融志》记载，民国七年，中行总裁张公权与

高邮士绅马隽卿商定，在其开设于高邮、阜宁、三垛、界首的同兴、公兴等7家典当及在扬州、高邮、三垛等地开设的永康、同兴公等钱庄4家，向中行领用“暗记券”，由扬州中行给予各典轻息放款，每6个月结转一次。

按：先生开有多家典当和钱庄，其中较大的是北门一家当铺。据《扬州金融志》记载，民国六年，扬州交通银行放给江苏浚河工程局马隽卿开设的高邮同兴典扬二七银5000两。民国十六年2月14日，马隽卿代公兴、同兴、公泰、元吉典各借1万元，月息5厘，定期6个月。扬州交通银行于民国七年与高邮同兴、公兴典订立《领用扬州交通银行铜圆兑换券合同》，以该典票本为担保，领用扬州铜圆兑换券，出入当赎一律通用。民国元年江苏各县典当表中，标明高邮城内有同兴、公兴典当2家，三垛公泰典当1家，临泽有鼎泰典当1家。根据以上资料分析，现存高邮北门当铺，其牌号应为“同兴典”。先生经营同兴典，应不迟于民国元年。

是年，先生与韩国钧联合创办泰源盐垦公司。

1919年11月18日《申报》载《泰源盐垦公司创立会》：泰源盐垦公司本月七日在扬州多子街开创立会，各处股东到者颇多，南通张退庵派员莅会，认可股款，当经举定韩紫石为总理，蒋绍九为协理，马隽卿、贾果伯、许鲁山、黄溯初、王骏声、丁素初、田鲁玙为董事，黄镜人、陈纪寅为监察，股款定为八十万元，已收五十万元，余均认足。盐垦区域为东台县属安丰、梁垛两场，与通属如皋县相接，面积三十余万亩，测量早经完竣，盐权地权陆续收齐，盐务现已开办，不日即将从事堤工，实行开垦。

据存于上海图书馆的《安梁泰源盐垦公司己未九月开创立会

议案》记载：己未夏历九月十五日（1919 年 11 月 7 日）安梁泰源盐垦公司就扬州事务所开创立会，到会股东三十五人。临时总理韩止庵报告经过情形……；主任蒋韶九君报告收垣购地之状况……；公推马隽卿为主席（主持会议）；通过章程，蒋韶九君宣读章程草案，然后一条一条修改通过。接着主席宣布进行选举。韩止庵得四百七十一权，当选为总理，蒋韶九得四百八十九权，当选为协理，马隽卿君得一百零二权，丁素仍君得七十四权，贾果伯君得七十二权，王骏声君得六十八权，许鲁山君得六十八权，黄溯初君得六十七权，田鲁玙君得五十一权，均当选为董事。陈纪寅君得二百五十七权，黄镜人君得二百十八权，均当选为监察人。最后协理报告预算及工程垦务计划，股东们逐项讨论。

注：张詧（1851—1939），字叔俨，号退庵，江苏南通人，为张謇三兄，人称张三先生。先后任贵溪知县，江西东乡知县，江西学正。1904 年，在张謇力劝引退下，回南通协助张謇办实业。

按："盐垦"，就是将制盐的地方，开垦种植小麦、棉花、大豆等农作物。苏北滨海地区，自古以来即为著名的盐产地。封建专制时代，视作灶地（盐民聚居设灶煮盐的地方）禁区，绝对禁止垦殖，是以地虽多，一任长期废置，不能适当利用。清末，由于海防、财政等问题，才开始许民领垦。旧时产盐之地得以放垦。盐垦之名也就从此成立。

张謇于 1899 年在南通创办了中国最早的民办纱厂——大生纱厂，这在中国近代纺织业发展史上具有十分重要的意义，也为规划建设"中国近代第一城"奠定了坚实的基础。大生纱厂创办后首先面临的是原料问题，广泛动员城郊农民种植棉花仍不能满足工厂生产需要，于是张謇把目光投向了东部沿海盐垦区。张謇先后创办了通海垦牧公司、同仁泰盐业公司、大有晋盐垦公司、大豫盐垦公司、大赉盐垦公司等。在张謇先生的示范引导下，有众多士绅参与投资盐垦，在苏北范公堤以东，南起启东川流港，北至灌云的陈家港，纵约700里，宽约100里，濒海约1.2万平方公里的黄海滩涂出现了空前的开发高潮，吸引了大量民间资本，仿效通海垦牧公司的模式，投资开垦，创办了大小70多家盐垦公司，20多万启、海农民携儿带女，弃井离乡，投身到这一战天斗地的垦牧事业中来，给沿海盐、牧、农诸业带来了革命性的变革，影响波及全国。张謇是江苏沿海滩涂开垦的先行者，是中国早期现代化的先驱。

据东台县志办公室研究、止叟年谱记载及先生子女回忆，先生与韩国钧合资创办的泰源盐垦公司，于1919年农历九月初五在扬州召开成立会议，公司地址在原东台安丰场，收购的荡地在今新农乡境内。韩国钧任公司董事长，经理先后有马叔昂（马家驹，先生的第三个儿子）、卞纾声等，职工14人，股本金80万元，实收70万元。收购盐灶186副，田地158000亩，有佃农700户，人口4500人。公司的经营：三成留煎（盐），七成领垦。据抗日战争前统计，公司年产棉花6000担，食盐10万担，并生产了一些粮食。在生产的同时，还开办了小型工厂，有织布机200台；设立了一个测候所，7座仓库，修筑了62华里的公路，架设了20华里电话线，开办了两所小学，一所叫紫石小学（以韩国钧的字命名），一所叫疆恕小学（以先生的斋名命名），有学生近200人。另外公司还利用沿海草滩发展家畜饲养，有牛1000头，猪800头。由于生产、经商比较活跃，形成了三仓河、一仓河、新农小街一些小集镇。公司为了防止东潮西进的侵害，在海边修筑海堤23.5公里。

泰源盐垦公司持续经营了20多年，终因资金不足，经营不善和日本侵华战争等原因，而于抗日战争期间破产停顿。

泰源盐垦公司的兴办，对开发当时东台县沿海滩涂资源，改良土壤，推广植棉技术，确有成效。经营20多年，生产了大量棉花、粮食，还办了工厂、学校、修建挡潮堤，所有这些对繁荣地方经济起到了积极作用。

1920年（民国九年），先生55岁。

3月27日，先生在《申报》发《马士杰启事》。详情如下：

鄙人自充筹浚运河之役，任事之初曾一再呈明，只任筹备时期之事，数年以来，测量、勘察、集款、施工、筹备各事，历经困难，亦仅略有初基，上年熊督办莅苏，会议治运，与议官绅，鉴于运河工大费巨，关系鲁皖两省流域，非请中央特派大员，无以统一事权、筹集经费。今幸运河督会办行将开局，内部用人支配，鄙人固未予闻，即发表名单内滥竽财政咨议，亦决计沥情辞职，完全脱离，近因远道亲友，纷纷函属荐事，深愧无以报命，用特登诸报端，俾明真相，统希鉴谅。

是年，先生卸任筹浚江北运河工程局总办职务，积极做好移交工作，并受聘为督办江苏运河工程局咨议。

1919年5月5日《申报》载：五月三日《大总统令》，特派张謇督办江苏运河工程事宜，此令。又令，派韩国钧会办江苏运河工程事宜，此令。

《督办江苏运河工程局季刊》第一期记载：

江苏运河工程局“乃于九年（1920年）四月一日，因江都旧局地址开局办事。定名曰督办江苏运河工程局，同时旧局亦结束、交替。”（民国三年八月，今会办韩公巡按江苏，委内务司长马隽卿先生为总办，设局江都，定名曰筹浚江北运河工程局）。

《筹浚江北运河局咨呈奉省署令，发前拟交替办法已分别遵办文》：……筹浚江北运河工程局总办马士杰，会办王宝槐。

《筹浚江北运河局咨送历年各项收支清册文》（筹浚江北运河工程局自民国三年八月开办起截止九年四月十日止各项收支数目简明清册）：……筹浚江北运河工程局总办马士杰，会办王宝槐。

《筹浚江北运河工程局咨呈移交该局测量仪器用品及各项图表清册文》：……筹浚江北运河工程局总办马士杰，会办王宝槐。

《筹浚江北运河工程局咨呈移交附设平剖面测量事务所器械用品图表等清册文》：……筹浚江北运河工程局总办马士杰，会办王宝槐。

《筹浚江北运河工程局咨呈移交机船驳船巡船共五十只请派员接收文》：……筹浚江北运河工程局总办马士杰，会办王宝槐。

《督办江苏运河工程局名誉职员一览表》：行政咨议：黄以霖、段书云，财政咨议：马士杰，工程咨议：王宝槐，编辑咨议：武同举，咨议：夏寅官等六人，顾问：陈廷英等十人，评议员：朱绍文等三十三人。以上各员均于民国九年四月任职。

按：民国总统徐世昌任命张謇督办江苏运河工程事宜，将筹浚江北运河工程局改组为江苏运河工程局。至1920年4月，先生卸任总办职务，至此持续了六年的筹浚江北运河工程局宣告结束。

张謇在《运河工程就职演说》中指出："前江北运河工程局总办马隽卿先生，筹办工程及整理地方亩捐，已阅五载，其成绩如何，诸君皆江淮人，闻见必确，无待走之赘言。而一班人之诘难者，不一而足。诘难不足虑，要以事实为本。"当年10月，江苏省长公署也指出：马士杰等人，资劳卓著，呈请诠叙局予以褒奖（诠叙局，民国初置，属国务院，掌管文官的任免、升转、资格审查、存记、注册、考试、勋绩考核、恩给、抚恤、爵位、勋章、荣典等事）。

正因为省长公署高度肯定先生的功绩和能力，督办江苏运河工程局成立时，聘请先生为财政咨议。自此，虽然先生不再对治运负主要责任，但在民国北京政府时期，先生一直都深度参与江北运河治理，为修浚运河事业继续贡献力量。

4月23日，先生与张謇、黄炎培、韩国钧等人发起成立苏社。

1920年4月24日《申报》载《苏人发起苏社》：江苏地方人士，鉴于本省各项事业，渐落他省之后，其故由于地方团体涣散，不能自治所致。爰于四月一日，乘运河工程局开幕，多人汇集之际，由张季直、韩紫石、黄伯雨、马隽卿、沈信卿、黄任之、朱德轩、张继高、鲍芹士、王叔相、钱强斋、陈颖孙、蔡陶模、张孝若、方维一、奚九如、董冠吾、武霞峰等十八人筹商，分函各地同志，共同发起苏社，以谋发展江苏地方自治为宗旨，以实业、教育、水利、交通四者为应首，谋发展之自治事业，且郑重声明，不涉政党，不为私人利用，不与官治为敌，嗣经各地同志复函加入发起，定五月十一日在南通开成立大会，以该地自治设施较早，可以乘便参观研究也。兹将该社缘起及草章录后……

《苏社简章》：一、“定名”，苏社。二、“宗旨”，本社为谋江苏地方自治之发展，组织成立，其宗旨列举如下：1. 主持正义，2. 广求世界知识，审量地方之所宜，3. 协图地方治安，4. 研究地方建设事业，5. 唤起人民对于自治之责任心。三、“社务”，本社所谋发展之地方自治事业，暂定范围如左：1. 实业，2. 教育，3. 水利，4. 交通。四、“办法”，关于上条各项事宜，其进行方法如左：1. 调查，2. 讲演，3. 研究，4. 出版，5. 实施。五、“社员”，1. 发起人，2. 赞成本社宗旨，志愿协助社务，经社员五人以上签名介绍者。六、“职员”，本社设职员会，由社员互举职员四人组织之，议决社务，其任期定为一年，并由职员互推主任书记会计干事等分任职务，本社职员皆名誉职，但驻社办事，及专任调查讲演出版等事者，得酌支公费。七、“会议”，1. 每年三月，择交通利便，或山水清淑地方，开大会一次，报告前年度之社务，决定次年度之社务，并举行聚餐或团体游览，以增进高尚和乐之精神，发展合群互助之能力。2. 遇必要时，得开临时会。3. 每月开职员会一次，大会未及议决之事务，由职员会决之。八、“社费”，凡社员应缴纳入社费四元，于入社时缴纳之，岁费四元，于每年大会以前缴纳之，本社举行特办事业经费有不足时，得临时募集之。九、“社所”，以交通之便利，设总事务所于上海，其他必要地点，得由职员会之议决，分设事务所。十、“附则”，本简章经大会多数之同意，发生效力，社员认为应修改时，得提出于大会，经多数通过，得修改之。

按：发起组织苏社有三个方面的原因：第一，江苏省精英在近代对江苏地方政治影响较大，并且有着厚重的历史传统；第二，时处军阀割据，江苏人强烈希望能够实现省自治，发展地方事业；第三，张謇作为江苏省极具代表性人物，在南通实行自治，为实现全省自治提供了范例。

5 月 11—13 日，先生参加苏社成立大会，并当选为第一届理事。

其间《申报》报道《苏社成立会开会及游宴程序》：五月十一日十二时，南通各界代表及乐队欢迎于天生港乘汽车入城，下午二时博物苑团游会，四时二十分茶会，五时散会，六时濠南别业晚餐，八时更俗剧场观剧。十二日，分别参观市区各教育公共机关医学专门学校，师范学校，甲种农业学校，甲种商业学校，女工传习所，图书馆，南通医院，养老院，五公园，女子师范学校，第七中学，地方监狱工场，贫民工场。十二时中公园午餐，下午二时更俗剧场开成立大会，五时散会，六时城南别业晚餐。十三日上午八时游五山名胜及参观公共机关（林溪精舍、观音院、残废院、盲哑学校、棉业试验场、西山邨庐、军山气象台、东奥山庄、五山苗圃及果园），十二时望海楼枕山楼午餐。下午二时往唐家闸参观各工厂及公共机关（大生纱厂、广生油厂、复新面厂、资生冶厂铁厂、阜生绸厂、大生织物公司、通燧火柴厂、编织专门学校、敬儒高等小学校、唐闸公园、育婴堂、第一幼稚园、实业警卫团），下午六时大生纱厂晚餐。八时乘小轮往天生港大达轮步各界欢送。

五月十二日下午，在南通更俗剧场，召开成立大会，到会者一百四十多人，另有美国参观团七人。会议推张謇为主席，议程：1. 张謇演说，讲发起苏社宗旨。2. 黄伯雨报告筹备情形。3. 通过章程。4. 讨论社务进行方法。5. 选举理事，选出张謇、黄以霖、韩国钧、张一麐、马士杰（得九十票）、沈恩孚、黄炎培等人为理事。6. 摄影散会。

十三日，在狼山召开苏社第一次理事会。1. 公推张謇为主任。2. 公推黄伯雨驻社办事。3. 公推方惟一担任调查部主任驻社办事。4. 议以发展交通事业为本年度重要社务，组织交通委员会，其推举委员及组织法，于下期（六月十五）理事会议决之。5. 郑立三函述对于本社发展自治事业之意见，议通告社员，应各负发展自治事业之责，得按照地方实况，拟具进行计划及次序，报告本社，酌量发表于杂志，如须联络办理时，本社当尽力赞助。6. 穆藕初君电请本社讨论省长交省议会议决之农林总分支场案，议函转钱强齐君。

按：苏社成立后，租用上海西门外中华路西区为本社事务所，具有领导地位。另设南通、扬州分事务所。苏社系统自上而下建立，剖分了原属一元化的行政官员的部分管理权力，尤其是教育、水利、交通方面的地方公益事业，从而加快了城市的近代化进程。

苏社的工作会议有开年会和理事会两项。每年三月开大会一次，起着指导和纲领作用。每隔3个月开理事会一次。大会没有决议的事务，由理事会决议。必要时，需临时开会，社团费用由社员缴费和临时募集两部分组成。

5月19日，公布苏社社员名录，共计263人，先生名列其中。

5月25日，先生与韩国钧在扬州召开泰源盐垦公司常会。

5月31日，先生陪韩国钧等人游览焦山，小住三日，后又游无锡梅园。

按：是年3月，因泰源公司经营人员追逼佃农偿还由垣商转来的借款，发生火烧公司事件，经慎重处理，得到妥善解决。《止叟年谱》载：韩国钧二十八日（3月18日）赴安丰，以三仓灶民在垦区聚众滋事，邀同东台县胡知事亲往弹压。

6月15—16日，先生参加在上海召开的苏社理事会。

1920年6月17日《申报》报道：苏社会议议决租用上海西门外中华路西区救火会为本社事务所；议决南通设分事务所，公推张退庵为主任，扬州设分事务所，公推韩紫石为主任，韩离扬时，由马隽卿代理；公推张孝若、马隽卿、吴寄廛、荣德生、穆抒斋为本会管理员……

9月15日，先生参加苏社理事会。

1920年9月16日《申报》报道：苏社于本月十五日，照章开理事会，该社原意，专注重于教育实业水利交通之研究调查，不愿涉及地方政潮，乃因省长问题久延不决，各社员及地方人士，以主持正义，研究地方建设事业，（苏社宗旨）责望于苏社者甚殷，本届接到社员意见书凡数十起，分类编列……到会理事为黄伯雨、黄任之、马隽卿、吴奇尘、王丹揆、荣德生、沈信卿、钱强齐、张孝若。又张季直、韩紫石、孙谨丞、方惟一均托理事代表，公推张孝若主席，讨论结果，以为省长与自治关系极重，必先达到苏人治苏，然后自治法案可以次第实施，拟先联名电请中央，援直豫皖浙成例，迅选苏人长苏，即推沈信卿就来稿修正。静待张季直君到社签发。一面将湖南自治大纲加具附说，印发各县法团人士，请其签注送社，并先推陈大猷、朱绍文草拟江苏自治大纲，电请韩紫石、刘孟侯、黄允之诸人来申，张季直君亦允于十六日到社，定期十八日，接开会议，设法进行，苏人久闷思启，自治前途略有曙光，至昨日交通委员会议决各问题，亦均决议照办矣。

9月18日，先生参加苏社理事会临时会议。

1920年9月19日《申报》载《苏社临时会议事纪》：会议于上午10时开始，至下午5时结束。由张謇主持，议决四个问题：一是省长问题，既经公电，以苏人治苏，不能一电了事，爰推定黄、钱、穆、储四君，与在京江苏同乡联络，以谋一致进行。二是江苏省地方制大纲草案，讨论大体，推定金、孟、王、张、蔡五人审查修正。原起草人亦须出席说明，俟修正后，再定期开理事会商定，未商定前，其草案暂不发表。三是江苏省暂行自治大纲，俟省长问题解决后再商。四是赞成试办长途汽车办法案。

该文还附录了9月17日向北京大总统国务院发出的请任张一麐为江苏省省长的电文：北京大总统、国务院钧鉴：铣电请迅任江苏省长，计已达览，兹经集议，一致主张，请任张一麐为省长，公推以霖、崇固、湘瑶、南张四人到京面陈公意，乞赐鉴纳。具名者：张謇、韩国钧、黄炎培、马士杰等33人。

《致徐世昌靳云鹏函》（民国九年1920年9月）全文如下：

北京大总统、国务院钧鉴：江苏省长问题，同人前经发表苏人治苏主张，迟久不决。易说建议，但论贤否，又久不决。贤者观势而逊志益坚，否者蹈瑕而觊觎益众。枝节愈多，群情愈惑。窃以为直曹、浙沈、皖聂、豫张，具有成规，初非创例。苏省人材，何至独后？就地择人，搜采自易。至军民分治，为人民心理所同，李督身绾军符，夙明大体，偶有推毂，不过举其所知，绝非挟持中央强予位置，致与民意相违。伏愿中央尊重约法主体在民之规定，远稽初元各省自治之绩，近鉴鄂人发生争议之原，迅就苏人中择贤任命，俾尽故乡公仆之责。民意所属，谁能侮之？尚乞立赐裁夺，以慰众望，而杜纠纷。张謇、唐文治、韩国钧、王清穆、张詧、黄以霖、沈恩孚、马士杰、钱崇固、鲍贵藻、孙禄、方还、黄炎培、吴兆曾、张孝若、荣宗铨、周承基、朱际云、陈大敞、刘伯昌、黄守孚、张憩增、蔡钧枢、王发蒙、张宏业、朱绍文叩拜。

10月，先生与韩国钧沟通，妥处泰源与大赉界河之争。

10月9日，张謇为大赉、泰源两盐垦公司界河之争致函韩国钧。详情如下：

紫老大鉴：顷大赉抄寄佐虞与韶九往来各函。大赉、泰源界河尚未开，而泰源要约之界河，广只六尺，深只三尺，不审韶九所持何等观念、何种作用。若以垦业定水利第一、交通第二，水利、交通所系之河，干非五丈以外不可，支非三丈以外不可；若南北串场及出海大河，则非十丈以外断断不可。盖非是不能受沟浍之会归，不能备旱潦之蓄泄。经定大小相间以小相续，西人水学家以流量比例差等支干，皆是意也。

泰源若犹是寻常之垦无足言，若以之等齐公司之垦，则是戋戋之计，詹詹之言，窃以为不可。下走顷规串场大河，定广二十丈，两岸各留空地，为陂五丈，承举告公，荷公赞许。今韶九与佐虞函乃如此，颇疑尚未与公浃洽也。

垦业宜计远大，不宜争目前近小之利以自病，大赉境内必开大河，如韶九言，场河必开，开则泰源是否与通，又何以为计？治水不论地高下，必求适宜之通，无枝枝节节之理，愿更语韶九慎思之。忝在一局，不愿不尽忠告。敬请大安。（引自《张謇文集》）

作为公司一大股东，韩国钧与先生及时沟通，妥处此事。

按：1914 年，张謇派人到新街实地考察，并联络本地盐商、士绅赵八用、李青扬等人正式筹建“大赉盐垦股份公司”。划定其垦植范围为：南至角斜范公堤，北至陈家店（泰源河，与泰源盐垦公司为界），西至李堡放船港，东至海边。匡围面积在 150 平方公里左右。因围垦地区地广人稀，渔民、灶民居多数，无人懂得植棉技术，张謇便于 1916 年，先后从海门、启东等地动员移民 3500 户、18200 多人到匡围地区佃地开荒，种植棉花。而围垦地区碱气太重不利植棉，必须改碱，遂兴办水利，大赉公司从创办起，就组织民夫开挖了串场河等中小河道 85 条，筑圩堤 30 公里，修公路 120 公里，建涵洞 8 座，建造排涝挡潮闸 6 座，架设电话线20公里，另设有合作社、学校、邮政所、水龙会、诊所等服务机构，并有独轮车、民船载客往返于角斜、李堡、泰州、东台、通州等地。大赉公司所在地还开办了粮食行、茶馆、杂货店、客栈等生活设施，专做大赉公司的生意，地名被称为“半面街”。

10月下旬，先生偕张謇、韩国钧、王清穆、沈恩孚、黄炎培致电庄蕴宽、张一麐、黄以霖暨旅京江苏同乡会，发起“废督运动”。详情如下：

蕴宽、仲仁、伯雨先生暨同乡诸君子公鉴：废督主张，京外一致，诸君子为国为乡，贤劳可念。謇等往复磋议，就本省近年财政、军政情形略加稽考，拟为计画，写如另折，乞转陈当轴采行。此举诚欲为地方除民治障碍，亦实为中央解政局纠纷，对事问题，非对人问题。报载在京苏军官计画，同人深佩，并乞致意。笔舌之效，所恃惟心。居者行者，愿共努力。敬颂旅安。张謇、韩国钧、王清穆、马士杰、沈恩孚、黄炎培同启。(引自《张謇文集》)

注：庄蕴宽(1866—1932)，字思缄，号抱闳，晚年称无碍居士，常州人。1890年中副贡，光绪间历任浔阳书院主讲，百色厅同知，梧州府知府、太平思顺兵备道兼广西龙州边防督办等职。并先后在平南设武城学堂，广州设武备学堂、创梧州中学堂，龙州设女学和图书社等，并邀钮永建、蔡锷赴桂林协办陆军干部学堂。辛亥革命后，曾出任江苏都督，后上京任审计院院长12年之久，其间又是故宫博物院早期领导人之一，对阻止军阀窃盗文物有着卓越贡献。北伐后，回里任《江苏通志》总编纂直至1932年病逝。1920年，庄蕴宽时任北洋政府审计院院长。

按：苏社主张苏人治苏，废督自治。齐耀琳任江苏省长时，有渎职行为，口碑很差，苏省议员屡次通电弹劾。后齐耀琳去职，围绕继任省长人选，江苏士绅与江督李纯矛盾激化，江苏士绅进一步倡导“苏人治苏”，苏社公推苏人张一麐、庄蕴宽、徐鼎康三人，任择其一为下届省长。并于9月17日向国务院发出通电。后江苏士绅又活动推王瑚任江苏省长。而正在此时，江督李纯突然自戕。江苏士绅迅速发起废督运动，主张废督自治。在废督运动过程中，旅京苏人行动最为积极，苏社发电策应。但所有废督主张并未给国务院采纳，最终结果以齐燮元代理江督，废督运动没有成功。

12月26日，先生参加省议会，欢迎王瑚省长。

1920年12月28日《申报》报道《苏议会欢迎王省长之谈话》：省议会今日（二十六日）邀请王省长到会开谈话会，王于下午四时偕同财政厅长严加炽，实业厅长张轶欧，教育厅长胡家祺到会。钱议长延入会客室休息片刻，即引自会场外摄影。议员到七十二人，有来宾张一麐、黄以霖、魏家骅、马士杰、沈恩孚、卢殿虎、曾朴等，四点二十分，振铃开会，钱议长起立，表示欢迎意……王起立致答……

注：王瑚（1864—1933），字铁珊，河北定县人，光绪进士。清末曾任知县、知府等职。曾参与组织护国军。中华民国成立后，历任湖南民政长、肃政厅肃政使、京兆尹、江苏省省长、山东省省长。后追随冯玉祥参加北伐。1926年后，任黄河水利委员会副委员长、辅仁大学国文系教授等。1933年4月26日在北平病逝。

1921年（民国十年），先生56岁。

2月18日，张謇来扬州筹议治运事宜，先生设宴招待。

按：张謇1912—1914年曾担任全国水利总长、全国水利局总裁，时任苏社会长，对运河治理非常关心。

《张謇年谱长编》载：张謇参加先生所设宴会，“饮罢即登舟，向高邮。”2月19日（正月十二日），早至陆安闸等处，视切滩工，植柳于清水潭铁牛前。同日，抵高邮，观承天寺吴道子、郎世宁观音像，蒋铁琴钟馗像。

2月27日，先生与韩国钧一起去泰源盐垦公司三仓垦区检查处理相关事务。

3月3日，中华职业教育社通讯，先生捐助中华职业教育社500元，由江苏省长奖给银色一等褒章。

3月11日，先生参加苏社第二届大会，被推选为理事。

1921年3月13日《申报》载《苏社第二届大会纪》：苏社第二届大会，十年三月十一日午前十一点在无锡梅园开会。共到社员160余人，内新社员40余人，公推韩紫石为主席，由黄伯雨君报告上年度社务状况，并提出本年度进行事项：1. 请设筹备自治机关案，议决以调查户口测量土地为最要之点，宜提前办理，就省中设立总机关，以利进行。2. 清理各县财政案，议决函请省议会，建议凡地方款产，悉由地方士绅经理，不假手于官厅。3. 筹办全省道路案，议决由理事会决定，请省中通令各县，设立省道事务局或交通事务局，由局组织委员会，详列图表及计划书。4. 各社员提议张仲仁君委托代表张云博君，提议设立沿太湖长途汽车案，议决交交通委员会审核办理。……下午会议投票选举张謇、韩国钧、黄炎培、马士杰等十九人为苏社第二届理事。

又，苏社特刊第一期《省宪》于3月发行。列有发刊词、论说、研究（江苏省制草案、江苏省宪法刍议）、法规（湖南、浙江、江西、陕西、四川等省的宪法样本）、附录等章节。书中刊登了苏社成立大会的合影照片，以及10位理事的照片，排在第五位的是先生。书中还登载各位理事的通信地址，先生的通信地址是“扬州黄家园”。

按：经实地考察，黄家园位于扬州地宫第12号，为马氏住宅。马氏住宅原占地面积4400多平方米，建筑面积1730平方米，共有房屋69间，26厢，6披，1亭。门楼高耸，前后7进，

扬州马士杰住宅

再后有花园花厅数间。南北总达170米，正厅为“明三暗五”的布局，两厢有磨砖花窗相隔，别有一番天地。历史上为咸丰进士张丙炎所营建（约在1877年），先生何时购买不详。现为扬州市级文物保护单位。

3月14日，先生在上海参加苏社理事会。

1921年3月15日《申报》报道：苏社在无锡开常会后，于前日来沪，昨日（十四日）开理事会。到会者为韩紫石、黄伯雨、王丹揆、马隽卿、沈信卿、钱强齐、张孝若、吴寄尘、储铸农、朱德轩。会议事项如下：一、公推张季直为主任理事，黄伯雨为上海总事务所主任，韩紫石为扬州分事务所主任，张孝若为南通分事务所主任，朱德轩为文牍主任，此外张仲云为研究主任，方惟一为调查主任，沈信卿为出版主任，黄任之为讲演主任，均照旧。二、请裁军费，议决，与京同乡一致主张，请裁四分之一，本社备具呈府院参陆部文，推张仲仁君，在京就近呈递接洽。三、请设筹备自治机关，议决，呈请省长，通令各县，参照南通自治会组织方法，各就本县情形，拟定组织方法，呈请省长，核准执行。四、请筹办全省道路，议决，先推黄伯雨、马隽卿君，与省长面商办法，再用公文（张啬老来电，并序入文内）。五、本社出版及经费，议决，每季一期经费，由理事会筹集。

4月2日，先生与张謇、韩国钧等人联名致电徐世昌、国务院、陆军部，建议将“巡阅使”改为“裁军使”。电文如下：

北京大总统、国务院、陆军部、参谋部钧鉴：报载王士珍准备赴苏，就巡阅使任，注重裁军等语。查裁兵为全国所乐闻，巡阅使为三省所公拒。王使亦深悉重叠机关，徒耗国帑，无俾实际，屡经自请裁撤。政府如果诚意裁兵，似可改任裁兵专使，克期从事，以免各方误会。若因任命在先，不顾民意，但以赴任为保持信用，即有其他苦心，国民无从相谅，此不惟显与公意为敌，亦非所以爱王，谨进忠告，尚祈鉴纳。张謇、韩国钧、马士杰……（引自《张謇年谱长编》）

注：王士珍（1861—1930），字聘卿，号冠儒，河北正定人。历任军政要职，直至陆军部长、总参谋长和政府总理。1918 年，退出政坛，隐居北京。1920 年 10 月，江苏督军李纯自杀后，徐世昌大总统任命他为苏皖赣巡阅使，他以老病推辞不就。1930 年 7 月，身患肝癌，于北京逝世。

齐燮元（1885—1946），字抚万，直隶省顺天府宁河县（今天津市）人，北洋政府第四任江苏督军，直系军阀。1920 年，江苏督军李纯在南京自杀，齐燮元继任江苏督军、苏皖赣三省巡阅使，成为直系高层。1937 年，王克敏在日本的扶持下在北京成立伪中华民国临时政府，齐燮元参加伪政府的创建。1945 年，日本投降，齐燮元以汉奸罪被逮捕。1946 年，在南京被枪决，终年 62 岁。

按：巡阅使是北洋政府时期的高级官职，类似于以前的总督职位，相当于大军区司令，通常授予拥有两省以上地盘的军阀。巡阅使至 1924 年 12 月 11 日被全部裁撤。

“废督裁兵”是 20 世纪 20 年代初期，中国资产阶级倡导的一种政治主张。1911 年辛亥革命后，军阀拥兵自重，连年混战，祸国殃民。于是一些士绅、学者、社会团体发出废督裁兵的呼声，提出各种宣言、计划和方法，主张以裁兵的方法实现和平统一。但所有这一切，都不过是一纸空文，因为掌握军权的军阀们决不会“顺从民意”的，这种改良思潮，没有任何实际效果。

4 月 15 日，先生与张謇、韩国钧等人发电呈请中央裁减江苏军费。

《为请裁江苏军费以抒民困事呈文》如下：

谨呈大总统、国务院、陆军部、参谋部公鉴：窃江苏军费，岁支千有余万，实占全省收入三分之二，而上海两师不与焉。江苏赋额，甲于各省。而中央政策，未由取给，江苏税率，重于各省，而地方事业，未由发展，既背国家理财之原则，亦非人民纳税之本意。查财政厅所管本年不敷之数，逾二百万，历年积欠逾四百万，入夏而即借冬漕，交秋而又押春税，以致迢迢半载，几无税收，卒有事变，何以应之，况兵之生活，仰给于饷，有饷则安，无饷则溃，宜昌保定等处，实为前车，江苏军费，月近百万，举债为常，势处必穷。现值屡丰之后，且犹如此，脱遇水旱，其何能支，方今民力竭于供亿，国用匮于饷糈，外债既屡议无成，内债亦信用失坠，中央固抵押殆尽，各省更罗掘俱穷，是昔日裁兵，为节国用之虚糜，今日之裁兵，为救国家之破产，顷闻中央决定裁兵计画，锐意实行，又悉江苏江北新编之陆军第一二师，业已各裁四分之一，足征当局诸公，实能当机立断，本省官吏，亦能令出惟行，属在国民，同深感佩，惟江苏军费，远过囊时，财政恐慌，又达极点，断非岁减数十万元，所能救此奇厄，况淮海为盗匪出没之区，交通梗塞之地，尚能核减军额，措之裕如，其他若扬苏松常镇，各有要塞可防，且极交通之便，自无庸留兹多额，坐耗饷糈，援江北两师之例，并非事实所难能，救本省财政之穷，当为军人所共谅，謇等鉴各省饷穷兵变之惨祸，近怵本省兵多债重之危机，谨合词恳祈钧座钧院大部，饬下江苏齐署督军，迅照新裁江北两师之例，将其他所属军费，普减四分之一，以纾财困，除公推本社理事张一麐面陈外，用特备文呈请鉴核施行。苏社理事张謇、韩国钧、王清穆、唐文治、张詧、黄以霖、沈恩孚、马士杰、黄炎培、钱崇固、荣宗铨、穆湘

瑶、方还、张孝若、孙儆、储南强、吴兆曾、朱绍文。（1921 年 4 月 15 日《申报》）

4 月 16 日，先生在淮阴的华兴当典重新开当。

1921 年 4 月 17 日《民国日报》报道《淮阴华兴当典闭市解决》：淮阴华兴当典，因县令减利，不服罢市。其经过情况，曾志本报。嗣该典虽经官厅强饬提前让利，暂行开当，然非其所愿。故一至旧历新年，又借口援例停当，意以必须减利。现幸经地方士绅与该典东马士杰，一再磋商，结果双方让步，凡农民犁锄及贫家寒衣，当资在二千以内者，概照二分计，余乃为二分半，至当满期间，则延长为二十四个月，刻已准此办法，于昨日开当，一般贫民均欣欣然有喜色云。

4 月 26 日，报载《扬州治运局坐办马隽卿，察看运河工程》，先生登报撇清。

1921 年 4 月 29 日《申报》载《马隽卿来函》：敬启者，顷阅贵报四月二十六日地方通信清江栏内，有治运局坐办来浦一节，内载扬州治运局坐办马隽卿，因察看运河上下游工程，特于二十一日来浦等情。查督办江苏运河局，上年四月成立，鄙人原办筹浚局事宜，已完全交代清楚。治运局既无坐办名目，鄙人交卸之后，对于该局用人行政概不预闻，更无察看工程事，诚恐远道传闻，不明真相，致多讹误，用特专函奉陈，应请迅将此函登入来函栏内，以免误会。马隽卿谨启。

5 月 14 日，先生与韩国钧一起在扬州参加泰源盐垦公司常会。

6 月，先生参加中华职业教育社第四届年会。

会议议定，中华职业教育社第五年度征求社员计划，组织社员征集队伍，先生为扬州二队队长。

6月15日，先生参加苏社理事常会。

1921年6月16日《申报》载：六月十五日，苏社开理事会常会，到会者，王丹揆、马隽卿、黄伯雨、沈佳卿、黄任之、穆抒斋、方惟一、吴寄尘、朱德轩九人，张啬庵、张孝若、韩紫石均来函托代表与会。议决事项：1. 王丹揆君提议，请定维持银行储蓄信用，提倡储蓄案，结果由本社说明提倡储蓄意旨，致函银行公会，妥定维持储蓄信用办法。2. 穆抒斋提出江苏裁厘补税办法。3. 对于筹备省道之意见，议决，拟定省道具体办法，通函各理事商定后，函致省公署。4. 为财政厅长事电王省长，议决，电王省长，并送登各报。5. 对于张仲云君提苏州环湖马路促进方法，议决，公推方惟一君会同张云博君，与苏州镇守使道尹商量进行办理，并函致镇守使道尹及张君。6. 出版，议决定为临时刊布，分类出版。

同日，先生与张謇、韩国钧、黄炎培等人致函王瑚。详情如下：

南京王省长公鉴：江苏财政，恐慌已极，全国官民，共知共见，严（家炽）厅长适于此时身当艰巨，整顿收入，权衡支出，虽近数月来财源枯竭，犹能措之裕如。且闻清理租赋积欠，剔除货税中饱，颇著成效，计吏祛一分积弊，即财用减一分困难。公论在人，不容淆乱。乃近有一种流言，加以非议，恐不知者因而误会，当局者或至灰心，謇等为财政前途利害关系，各就所闻，互相讨论，意见相同，特此电陈，以彰公道。

6月，先生与张謇、韩国钧等人发起筹股开通江北长途汽车公司清镇线内瓜扬一段。

1921年6月26日《申报》载《江北长途汽车公司启事》：同人鉴于江北交通阻滞，组织江北长途汽车公司，计分清镇、清海、清浦五线，先办清镇线内瓜扬一段，需款十五万元，为三千股，每股五十元，一次性交足，由各处中交两行代收，至阳历八月二十日截止，年息八厘，自交股日起算，如愿入股，请向大原卢宅函索章程可也。发起人：张啬庵、韩紫石、段少沧、马隽卿……

7月30日，先生与张謇、韩国钧、黄炎培等人以苏社总事务所之名致电齐燮元、王瑚，请督军、省长保境息民。详情如下：

南京齐督军、王省长鉴：自民治潮流，趋重省宪，政府未能顺应时机，与民更始，以致粤桂首先破裂，湘鄂又启纷争。苏省当长江之下游，为列邦所瞩目，喘息甫定，元气未苏，无论双方是非曲直，度德量力，决不能从井救人。全省父老兄弟，公意不愿于时再添一兵一饷，以重民困，亦不愿再见兵士之暴露鄂省，残杀同胞。应请督军、省长本平时保境息民之主张，不出一师，自固疆圉，庶国中尚有干净之土，而双方均有悔祸之机。恳专电政府代陈民意，并宣布办法，以安人心。（1921年7月31日《申报》）

注：湘鄂战争，爆发于1921年，由湖南赵恒惕、夏斗寅发兵攻袭鄂南开始，最终湘军被水陆夹击，败退长沙，与直系军阀吴佩孚议和。湘鄂战争是北洋军阀统治时期为数不多的具有正义成分的局部战争。因为军阀王占元的残暴统治，激化了与湖北绅商的矛盾，为推翻其统治，一部分国民党人向湖南搬兵。本是具有一些正义成分，但最终成为军阀之争权夺地的混战。这场战争虽仅局限于湖北一省，但涉及湘、鄂、直、鲁、豫等省，范围十分广阔，其结果也对当时和其后的中国政局产生了非常深远的影响。

8 月 8 日，中华职业教育社通讯：征求社员外埠各队揭晓，先生为扬州第二分队队长，得 740 分，为各队最高分。

8 月 25 日，先生与张謇、韩国钧等人致电北京盐务署潘复，请求保护盐场利益。

1921 年 8 月 30 日《申报》载《苏人请保全盐产电》：北京盐务署潘署长鉴，通泰济南盐场，为苏省生产大宗，固国家税入所关，尤苏省民生所系。……须知，济南盐场所在，皆民生穷蹙，盗匪充斥之区。今年沿河屡被风雨潮灾，地方已苦无能补救，若更厄场商，而厄及灶丁，祸患何堪设想！此则不得不为厝火积薪之虑者，务祈尊署主持公道，勿为危词所惑，任听摧残苏省生产。苏人因盐产，关系地方生计，难安缄默，为此公电尊署，速作根本解决，俾杜挟持而维大局，临电迫切，伫候后命。

8 月 29 日，先生在《申报》刊载《江苏典业银行开业公告》。

1921 年 8 月 29 日《申报》载：江苏典业银行择于阳历九月七日（阴历八月初六）开幕。董事长马士杰，总经理陈肃纲启。行址：苏州阊门内西中市，电报挂号典字〇三六八。

9 月 2 日，先生发起成立的江苏典业银行奉部核准。

1921 年 9 月 2 日《申报》报道《江苏典业银行定期开幕》：江苏典业银行前由该业同人发起后，已经奉部核准，并在苏州西中市建筑行屋，现已竣工，定于夏历八月初六开幕营业。经由各股东举定马士杰为董事长，陈肃纲为总理。

按：是年初，先生与有关同人发起成立江苏典业银行筹备处，并于 6 月 21 日，在《申报》上发出《江苏典业银行召集创立会通告》。通告说明：本银行股本总额一百万元，先收四分之二，计五十万元，业经认定缴齐，定于 7 月 24 日，即旧历六月二十日上午九时，在苏州城内长春巷，借全浙会馆开创立会，通过章程、选举董事监事人，除分寄通知书、入场券及委托书外，特依据公司条例，于一个月以前公告，务请各股届时惠临。该通告在《申报》连续刊登一个月。典业银行开业后，又于10月4日，连续在《申报》刊登业务广告：本行开设苏州城内阊门西中市，办理银行一切业务，其种类列后：定期存款，活期存款，往来存款，抵押放款，收解款项，国内汇兑，凡蒙惠顾，无任欢迎存放，各款利息及汇费无不格外优待，以副盛意。电报挂号〇三六八，电话号码〇三八三。

9月，先生联合扬镇两属人士组织筹赈会。

1921年9月28日《申报》报道《镇扬筹赈会成立》：巨绅冯煦、马士杰等，因镇扬各县水灾甚重，特联合两属人士组织筹赈会，业以成立。兹以沿江各洲灾区甚广，急待赈抚，已电恳省中迅拨巨款，散放急赈，一面向各处劝募巨款，以拯灾黎。

11月7日，先生与韩国钧、段书云等人致电张謇，谈张孝若参选省议长一事。

1921年11月7日《申报》载：

南通张啬老台鉴：省会议长争执，孝若显以辞职解纷，掬诚相示，至宥电而极。惟默察现时情势避嫌者外，此外双方仍走极端，似非仅文电信使所能解纷。若再久持，省政固不堪牺牲，弟等亦何忍听贤乔梓爱护地方尊重议会之热诚？蔽于中格，拟请公与孝若莅沪洽商解决方法。如以为可，即希电复，以便就近商请议会休会待商，无任伫盼。段书云、汪凤瀛、王清穆、韩国钧、仇继恒、黄以霖、马士杰。

张謇回电：南京段少沧先生并转汪、王、韩、仇、黄、马诸先生鉴：冬电敬悉。公则爱省，私且爱友，感佩！感佩！儿子被选议会，走本戒阻，后因地方人士再三之敦促，稍稍迟回，遂过辞选之期。儿子更事不多，对于议会观察不当，走所深憾。惟早已提出辞书，并再三通电声明，本已置身事外。若公等有所训导，当令儿子就教受命。

注：张孝若（1898—1935），本名怡祖，以字（孝若）行，又字潜庐，江苏南通人。近代著名实业家、教育家张謇之子。"民国四公子"之一。1918 年，毕业于美国哥伦比亚大学商学院，回国后从旁辅佐父亲，1922 年北洋政府任命他为考察欧美日九国实业专使，他因此多次前往欧美考察。曾担任江苏省议会议员、吴佩孚联军司令部参赞、淮海实业银行总经理等职，曾被任为中华民国驻智利首任公使（未赴任）。1926 年其父张謇去世后，继任大生纱厂等企业董事长、私立南通大学（Nantong University）校长。1935 年 10 月 17 日，于上海遭仆人暗杀，时年 37 岁。

按：张孝若本有政治理想，他曾说："在中国的社会，要做事就和官脱离不了关系；他能够帮助你，也能够破坏你；如果民间做事，能得官力帮助，那自然就事半功倍了。"没想到，张孝若初入政坛便碰了钉子。

1920 年初，"联省自治"成为主流，继"湘人治湘"后，江苏省议会于 1920 年也将非江苏籍省长齐耀琳轰走，主张"苏人治苏"。然而，省议会内部很快出现分裂。出现了以张謇为代表的"北张派"和以张一麐（麐，麟的繁体字）为代表的"南张派"。"北张派"以苏北人为主，财源充足。"南张派"以南京人为主，在省议会中历来占据多数。

没想到，到 1921 年 10 月时，"南张派本占优势，有三分之二支持，到十月二日下午忽然变动，北胜于南，亦在三分之一以上。二日下午，到会者一百三十余人，拥戴北张者竟达八十余人”。

“北张派”推张孝若当议长，“南张派”则斥金钱选举，“继以拍案顿足飞椅”，双方竟接连争吵、打斗了59天。

眼看“北张派”即将胜出，11月21日，“南张派”议员、淮安人叶立民竟服药自杀，搞起“尸谏”。《申报》连续刊载叶的遗书，并在报纸的醒目位置刊登其遗像。

此举令两张极为尴尬，本已达成“张一麐为正，张孝若为副”协议，只好作废，双双退出选举。

11月8日，先生参加泰源盐垦公司理事会议。

据《泰源公司辛酉十月初九董事会议案》（上海图书馆藏）记载：董事会于晚八点召开，出席会议有董事：马隽卿、许鲁山、田鲁渔、于素仍；代表董事：符宇澄（代表黄溯初）、杨雁峰（代表王骏声）；监察人：黄镜人、陈纪寅；总理：韩止庵；协理：蒋韶九。会议讨论了挽留协理辞职案；提前分地案；变卖一附区及河西荒地案；建筑大堤案；变更组织案；整理盐务案。时至夜半散会。

11月9日，先生参加泰源盐垦公司临时股东会议。

据《泰源公司辛酉十月初十临时股东会议案》（上海图书馆藏）记载：临时股东会议于十月初十下午二时召开。到会股东三十五人。会议先由总理韩国钧报告开会宗旨，协理蒋韶九作补充说明，接着由马隽卿报告昨日董事会议案，宣布变更组织为董事制案，对其议案一一讨论，予以通过。会议至下午六时结束。

12月15日，先生参加苏社理事会，为反对日本攫沪宁汉长途电话事，联署发电给南京齐督军王省长。

1921年12月20日《申报》载《苏社冬季理事会补记》：

苏社之设，原为苏省地方政务有所讨论而赞助，故自成立以来，颇多建树。本月十五日，为该会开理事会之期，到会或委托代表者，计有韩国钧、王穆清、黄以霖、马士杰、沈恩孚、方还、钱崇固、黄炎培、吴兆曾、孙儆、张孝若等。是日议决沪宁汉长途电话，借用日款，由日本技师敷设一事，电请本省军民两长，并电请两湖巡阅使及湖北军两长协同阻止进行……

致本省两长电：

南京齐督军、王省长鉴：前闻交通部某司长，擅订契约，用日本技师，以日本电料敷设沪宁汉长途电话，舆论一致反对。近悉部令又促进行，此事本出于东邻狡计，意在攫取长江流域之交通权，于军政民政均有重大之关系，苏民誓不承认，应请迅电中央力阻，并电商两湖巡阅使，湖北军民两长，一致电阻，以保主权而重民意。韩国钧、王清穆、黄以霖、马士杰、沈恩孚、方还、钱崇固、黄炎培、张孝若、孙儆、吴兆曾。

12 月 30 日，先生与张謇、韩国钧、黄炎培等人致电齐燮元，谈裁兵事。

1922 年 1 月 1 日《申报》载《苏社请求实行裁军电》：苏社理事会近议决请求实行裁兵一案，兹录其致齐督军电文如下：自公督苏，即闻有分期裁兵之计划，同人方企踵拭目以俟。顾独未审如何分期，如何裁减，方今外瞻列邦，已有限制军备之举，内审吾国，尤见酷婴兵祸之深，广东陈炯明创议先裁百分之三十，明载报章。江苏非用兵区域，而军事岁费，几超民国四年之原额，不止一倍，矧今各县水灾，岁入奇绌，以军费如是之巨，地方如是之窘，库款何以支持？人民何以担负？设今不图，更无以善其后，度公盖筹大局，亦早惄焉忧之，顷者，省议会已经电华太会议，表示裁兵之意见，全国商教联席会议，早有改编工兵，浚渠筑路之主张，以公深明世界潮流之趋势，国家破产之危机，知毅然独断，实行裁兵，决不在广东陈炯明后，其安插之方，必有更精详之规画。深望相度现情，妥筹办法，与各师旅相见以诚，晓以救国大计，宣布海内，为各省倡，微特可树全国之模范，且不啻为外交之声援，时会所乘，惟明者能审其几，得民心强于拥兵力，幸公裁之。张謇、韩国钧、王清穆、黄以霖、沈恩孚、马士杰、黄炎培、方还、钱崇固、张孝若、孙儆、吴寄尘。

1922 年（民国十一年），先生 57 岁。

3 月 11—12 日，先生在上海参加苏社第三届大会，被推选为苏社第三届理事。

1922 年 3 月 12 日、13 日《申报》报道：苏社全体社员于 3 月 11 日在南市陆家浜职工教育馆召开第三届第一次大会，并于晚间七时，在大东旅社举行聚餐会。参加会议的有理事十三人，社员一百二十余人，还有不少来宾。会议由黄伯雨先生主持，议程：1. 音乐（贫儿院国乐）；2. 报告社务；3. 名人演讲（张君劢演讲《英法美三国之市制及广州市制上之观察》）；4. 提议事件。所议事项：1. 关于请求筹备自治诸问题；2. 关于筹备省道诸问题；3. 关于裁兵理财诸问题；4. 关于请试用专门人才以澄清仕途诸问题。

第二天下午，召开苏社第三届第二次大会，参会者同前，会议仍由黄以霖主持，太平洋会议国民代表余日章演讲《山东赎路问题》，演讲结束，全体社员合影。接着无记名投票选举理事（十九人），参加投票的一百四十六人，先生得票九十四张，当选理事。

4 月 19 日，先生与韩国钧一起在扬州参加泰源盐垦公司董事会。

5 月，先生发函登报，说明现在不是运河工程局长，而是该

局咨议。

1922年5月9日《申报》：敬启者，闻昨日贵报南京快信，载有运河工程局长马士杰来省谒齐王两长，报告工赈一节。查鄙人从民国九年四月已将筹浚运河事宜移交督办运河局管理，原有浚运工程局名义即完全取消。旋因督运局函请同段少老、黄伯老诸公，充任该局咨议，此因梓里义务，不容辞却。此次到省，系同段黄诸公因运河善后工费无着，与财厅会商筹款事宜。本无运河工程局名义，自属传闻之误。用特具函申明，敬乞贵报登入来函门内，籍资更正而免讹误，不胜感祷。马士杰谨启。

6月27日，先生联同有关苏绅发电大总统、国务院，电催韩国钧省长到任。电文如下：

大总统国务院钧鉴：奉命韩国钧为江苏省长，中央顺应潮流，以本省人长省政，适孚民意，乃韩省长尚在拒谦，荏苒经旬，未见到任，应请迅电韩省长，即日到任，以慰喁望，特电陈情，无任迫切。段书云、黄以霖、王清穆、沈恩孚、马士杰、方还、钱崇固、徐果人、荣宗铨、张孝若、张福增、朱绍文。（1922年6月27日《申报》）

7月2日，先生将典行银行修正章程、注册费，呈请吴县公署，转实业厅、财政部，县署已奉部令，核准注册。

7月5日，先生与黄炎培、黄以霖等致电韩国钧，催促莅任。电文如下：

海安韩紫老鉴：公奉长苏，同人已电请中央敦促，乡邦服务，义无可辞，潮流所趋，急宜顺应，幸勿再事拒谦，致辜众望，特电速驾，伫企新猷。（1922年7月6日《申报》）

按：1922年初，韩国钧辞运河局会办职，国务院复电挽留，到4月国务院任韩为山东省长，韩电辞不就。后直奉战争，奉军败退出关，黎元洪复任总统，国务院电调韩任江苏省长，韩仍电辞。江苏士绅秉承“苏人治苏”观念，欢迎韩国钧担任江苏省长，所以多次发电催促，最终韩国钧于7月15日到南京就任省长。

7月20日，先生在《申报》再登启事，辟谣任政务所咨议长事。详情如下：

鄙人年来自理商业，对于行政事务，久已矢志谢绝，概不发生关系。近吾乡韩止老长苏，报章传载，或有谓鄙人任政务所及咨议长之风说，实则绝无此事。日来知交函托荐事，无谓之答复，颇以为苦，用特登报申明，俾除误会，此后恕不笺答。

8月21日，先生致函韩国钧，发表关于发行公债见解。信函如下：

止公省长大鉴：昨午来苏奉示，敬悉。各情另纸奉布。在扬晤锡丞、绍刘诸人，知公近来精神上颇感苦痛。弟窃有不能不有所贡献者，今日出任苏政，“牺牲”两字决无可避。然愿公能决心毅力，确有办法之牺牲；不愿公先劳精敝神，穷于应付之牺牲。苏省第一事，即问公债能发不能发？如不能发，直一事不能办，且不能保其秩序，此后对于军政及各方面皆无发言并整理之资格。质言之，即吾苏生死问题，我公去留问题。似应与军署及政、财两厅内定方针，向中央严密接洽，但使有所依据，其他皆不能顾虑。且此事经全省集议，银行赞助，绝非孤行己意者可比。若今日甲进一说，明日乙进陈一词，后日丙又改一办法，辗转迁延，而财源之枯竭已至迫不可待之境。弟恐各方面疏通未竟，今日先不可收拾。行军之道，一鼓作气，再而衰，三而竭，不可不虑。俗语云：夜长梦多。以今日整理财政唯一无二之计划，所谓得之则生，弗得则死，岂尚在面面周到从容讨论之时？

弟以为今日省政先须求财政有办法，其他各事皆可暂缓。公与政厅全部精神当专注于此。振衣者必提其领。公署重要机关必求有能规画大计，为公负责之人。庶当局可不劳而理也。专此。敬颂台安。不备。弟疆恕上言。八月廿一日。

再，公司债务，引两三月中备尝苦楚。公前致王、许一函，王尚允接济典用，不认泰源；许则以本身有困难不能为力。至中、交两处各借两万，其实旧欠必须扣还，于是，扣去两万，其抵用只得两万。而益源猝因扬地同行造谣，因泰源影响牵动该号本身，若非先有防御，其结果将蒙其害。现在累欠之数已达十万，一时无法清还，该号已苦难言喻。是以海安之款非设法另筹不可。弟在扬设措未能应手，拟日内赴沪再为设法。时局不宁，而通泰盐垦空气又十分恶劣，负担既重，应付俱穷，非候公省政稍闲妥筹救济之策不能解此痛苦。至北京之行，弟万不能去，债款固须筹划，公司开会接洽各事亦不容不问。弟意可改请绍刘前往。昨在镇晤果伯，亦力言行政人员要求免派。弟觉果伯材极有用，惟入京接洽碻乎官不如绅也，似可妥酌。

公债之事在乎省中有坚决主张，至各方面解释疏通，要无非形式问题，藉此联络感情则可，决不能有满意结果。因负此使命而去，愈疏通且愈增诘责，此亦不可不虑。今日做事要各方面皆能谅解，此必无之事。当局者，绝对负责任之人也。局外之发言皆绝对不负责任，且其中或别有作用，如非法图及吾省有资望并实业界占势力之人有正当建议，其他皆无能尽人求谅也。疆恕再启。（引自《韩国钧朋僚函札史料选编》）

9月3日，先生与黄以霖等人受齐燮元委托去京疏通发行七百万公债事，受旅京苏人反对。

1922年9月6日《民国日报》报道：江苏欲发行国家分金

库公债七百万元，齐燮元委托黄以霖、马士杰、穆湘瑶、贾士毅等四人，去京分向外长顾维钧、财次凌文渊及有力之各议员、同乡会中主要人物，大行疏通。在各代表之意，总以为总长次长有力议员及同乡会干事如可答应，便可把七百万公债包办起来。不料，三日下午，江苏旅京同乡会开议员干事联席会议，会上有干事提出责问多条，不承认黄等代表资格。黄以霖发言，首述此来经过情形，中言本省财政状况，最后则谓此来系以乡谊接洽云云。但其后继续发言人甚多，大致均表示反对态度。

12 月 17 日，先生与张一麐、黄以霖、黄炎培等人联署发电国务院、财政部、盐务署，反对盐政方面的有关改革条款。

12 月 17 日，江北长途汽车公司在扬州召开创立会，先生作为股东被推举为董事。

是年，先生回安徽和县，为马氏家族重修家谱。

注：据和县《马氏宗谱》记载，该族谱“光绪己丑年（1889 年）十八世裔孙维高重修，民国壬戌年（1922 年）十九世裔孙士杰重修”。并注明，马士杰为“清光绪甲午举人，内阁侍读，民国江苏内务司长，护理民政长”。“执谱名目列左：纯字号上高邮州士杰收执”。

按：和县马氏家族堂号为承恩堂，其十八世到三十七世的字辈排行为：崇正道自兴，有志学昌宏，仁德广修沛，礼义长昭明。家谱记载了在明朝马氏祖辈六代人为朝廷大官（三至六品），明清两朝谕建“四牌坊”的史实。马氏家族认为先生父子为马氏家族修谱做出了很大贡献。

是年，先生参加《民国三续高邮州志》的修纂。

注：《民国三续高邮州志》记载：督修：胡为和、彭世祺、姚祖义、卢鸿钧等四任高邮县知事；监修：谭庆藻，本县人，举

人，前县公署第一科科员；同修，宋子联、詹鼐、杨慰、马士杰。马士杰名后注：本县人，前任内阁中书，候补侍讲，资政议员，民国江苏省公署内务司长，护理江苏民政长，长江江北浚河工程局总办，督办江苏运河工程局财政咨议。

1923年（民国十二年），先生58岁。

1月17日，先生致函韩国钧，支持"新运河计划"。信函如下：

止公赐览：前日在省晤聆大教，甚慰。当晚附夜车至沪，次晨晤啬公，畅谈一切。新运河计划为吾江北治水根本之图，现在事机，各方凑合，失今不图，后将无望。惟此事重在慎于图始，若始基不善，终难期诸实施。我公藻虑周详，务望谋定后动，成此伟举。啬老今派豹君面谒，先定大纲，未尽各情，容后晤罄。祇颂台安。书不尽意。弟士杰拜上。一月十七日。（引自《韩国钧朋僚函札史料选编》）

2月4日，先生与张謇等人致电黎元洪与国务院，赞扬韩国钧省长。

1923年2月5日《申报》载《苏社同人拥护韩国钧电》：苏社张季直等致府院电云：北京大总统、国务院钧鉴：苏省不造，议教冲突，报章腾载，谣诼繁兴。本属议教风潮，无端涉及省长，节外生枝，殊堪骇异。国家频年纷扰，统一未成，江苏当南北要冲，幸赖军民长官和衷共济，得维现状。韩省长莅任以来，尤能砥砺廉隅，孜孜求治。在中央固倚畀方殷，在地方更老成是赖，诚虑不根之言，淆惑听闻，用特公电陈明，俾息浮议。苏省幸甚，大局幸甚。张謇、段书云、唐文治、王清穆、汪瀛凤、黄以霖、袁希涛、费树蔚、沈恩孚、马士杰。

按：1923年1月7日，江苏省立学校校长因省议会削减教育经费，增加议员薪金，与议员刘文辂发生冲突，文辂控于法庭，校长遂联名提出“总辞职”。以此为导火索，全省学生罢课攻击议会，省议会因学潮宣告休会。江苏教育界与省议会之间矛盾激化，是为“议教风潮”。

“议教风潮”持续一个多月，在各方压力之下，省议会最终通过了原有的教育预案，各校校长也打消了辞意，继续主持校务，至于教育界力争的教育经费独立问题，则由教育会出面与省长接洽，最终得到应允。（引自《安庆师范学院学报》王蕾论文《从“议教风潮”看〈申报〉的舆论介入与话语导向》）

2月28日，苏社定于三月十三日起，在苏州开第四届大会，韩省长函请先生代表出席。

3月3日，耀扬火柴公司在新城流芳巷召开股东会，先生作为股东被推选董事（董事会共九位董事）。

3月7日，先生致函韩国钧，商谈泰源盐垦公司财务事。信函如下：

止公赐鉴：日昨在省快领教言，甚慰。泰源累垫之款连年东挪西补，苦痛不可胜言。我公劳心省政，雅不欲以种种竭蹶情况过渎清聪，然长此不谋归束，日积月累，前途危险，岂所堪言？此次在省面谈各节务盼切实设筹。总之，无论售地推股，非赶筹十万元清理积亏此后即不能从容布置。弟与公年皆六旬以上，经手之事非急起自了，决无可倚赖于人。弟近日迁回邮里，俟屏挡略定即拟来省，商承我公奔走接洽，尚求台端预为策画，无少迁延，是所切祷。伯良处另拟信稿，乞酌缮致弟函内，以便赴浦时遇机图之。湘省借芦事，洛阳有无复电？甚念。专颂台安。书不尽言。弟疆恕拜上，三月七日。

再启者，上年伯良镇使在省，曾经公面约分认泰源垦股。据云，可认五竿，须今年开春后缴款云云，至感。近日宁河力主试种烟草，获利较丰。弟意我辈担认未足之股亟宜趁此认定。伯良与我辈情谊较厚，将来垦区办事结合团体，固所甚愿。公可去函促成之。何如？云云。（引自《韩国钧朋僚函札史料选编》）

3 月 12 日，军署召开财政会议，军民两长，中交银行行长，宁绅卢殿虎及先生列席会议。

3 月 13—16 日，先生在苏州参加苏社第四届大会，并再次当选为理事。

3 月 14—20 日《申报》报道：苏社第四届大会于 3 月 13 日下午在苏州留园召开，参会人员一百八十人，公推理事黄伯雨主持会议，报告经过情形，继由王蕴章博士演讲苏州市政及卫生问题，再由于锦章君提议江苏财政民国十一年预算问题。许多社员相率起立，发表意见，会议至七点，散会聚餐。第二天下午，继续开会，主要由有关社员演讲，主题为地方自治及本省财政问题。第三天，会议选举，张謇、韩国钧、黄炎培、马士杰、张一麐等十九人当选为苏社第四届理事。

6 月 1 日，先生与张謇、韩国钧、齐燮元等人发起成立“江苏储蓄会筹备处”。6 月 1 日起，《申报》《新闻报》连载《江苏储蓄会筹备处成立通告》。

6 月 1 日《申报》载《江苏储蓄会筹备处成立通告》：本会由同人等发起，采取东西各国及本国各地方农商储蓄会成法，以巩固地方金融，提倡各界储蓄，补助实业，救济农商为宗旨，现在推定主任，定于六月一号设立筹备处，开始收股。会址暂设南京中正街银行公会楼下，认股诸君，请就近交当地中、交两银行，已由本处与两行特约免收汇费。如有新认股者，请函向本处索取章程，特此通告。

发起人：齐燮元、韩国钧、张謇、丁乃扬、严家炽、刘玉珂、钱永铭、陈艺、马士杰、甘铣、谢霖、薛民生、周树年、陆锡庚、吴清铭、许体萃、王奎成、李锡纯、汤钜。

6月15日，先生在上海中华路总事务所，参加苏社理事常会。

1923年6月16日《申报》报道，理事会决定事项：1. 制定省宪事，议决先促省议会，举定起草员，并请各法团一致敦促；2. 财政事，议决函询督军省长报载军费九百六十余万元，有无错误，并请定期开财政会议；3. 对时局之意见，议决函请督军联络浙江实行保境安民；4. 出版特刊，议决第四期定名为《选政》。

6月20日，先生参加南京平民教育促进会成立会，被推为名誉董事。

6月21—23日《申报》报道：6月20日，熊希龄夫人朱其慧来宁，在铁汤池丁家花园设筵，宴请全城军政商学警报各界领袖。席间，朱其慧提出推行平民教育主张，拟组织一平民教育促进会，以利进行。齐韩两长（齐燮元、韩国钧）暨在座人士均表赞同，并经提议，即以该日宴会作为南京平民教育促进会之成立会，当时一体赞成，议决组织大纲，并公举齐督军、韩省长、熊夫人为名誉会长，袁观澜、蒋竹庄两君为正副会长，公推张謇、马隽卿等十四人为名誉董事，王伯秋为总务董事。还有十几位董事，嗣即向督署假定李纯专祠为办公事务所，着手进行。

1924年3月9日《申报》报道，在南京平民教育促进会成立后的半年间，设立平民学校一百二十六所，招收学生五千余名，迄今毕业者达九百余人。在此短时间内，成效自可谓不速。南京的平民教育影响到全省，于是在一九二四年三月，南京平民教育促进会改组为江苏平民教育促进会。

注：熊希龄（1870—1937），字秉三，别号明志阁主人，双清居士，湖南湘西凤凰人，曾任北洋政府第四任国务总理，民国时期政治家、教育家、社会活动家、实业家和慈善家。

朱其慧（1877—1931），字淑雅，上海宝山人，熊希龄之妻。佐夫创办季山慈幼院、中华教育改进社，并独立创办妇女红十字会、女子平民工厂、婴幼教保院等。1923 年在南京设立平民教育促进会，后往武昌，成立武汉平民教育促进会，嗣在北平成立中华平民教育总会，被推为董事长，1931 年病逝于北平。著有《熊朱其慧夫人办理平民教育大略》。

7 月 1 日，先生去南京在省署参加江苏国库善后公债处举行的董事会议。

7 月 3 日《申报》刊登《江苏公债董事会纪》：江苏国库善后公债处，有董事三十三人（马士杰为董事之一）。7 月 1 日，齐韩两长（齐燮元，江苏督军；韩国钧，江苏省长）在省署西边花园，召开董事会，共到董事二十一人（包括马士杰）。下午两时开会，首由严家炽报告董事会简章十条，略有修改，结果改为九条，多数通过。严又报告，提议巩固基金以坚购票人信用案。推销公债，端赖人民信用，欲坚信用，必先巩固基金。严提出四条措施，讨论结果，照原案通过。最后严还报告了公债处有关具体账务，会议于五时结束。晚七时，两长在军署公宴各董事，至十时乃散。

《江苏国库善后公债处董事会议简章》如下：

第一条，本董事会议，按照公债处简章，以军民两署委员财政厅长及各董事三十人组成之。

第二条，本董事会议分次列为三种，一常会，每年两次，于每年一七两月，在上海银行公会举行。二大会，每年两次，于每年四十两月抽签前半个月，在南京举行。三特别会，遇有变更及紧急事宜，由公债处召集或由董事十人以上提议召集，于南京举行之。

第三条，本董事会议决事件，须从多数，凡列席董事均有议决权，如可否同数，取决于主席。

第四条，本会议决事件，由公债处长执行之。

第五条，本董事常会由财政厅长兼处长主席，因事不能到会时，应委托代表。

第六条，公债募集情形，以及存储基金数目，应由公债处按月报告董事会，并刊布银行周报。

第七条，本会董事，如有特别意见，可提出意见书，于开会时讨论之。

第八条，本董事会议决事件，应专簿记录，以资查考。

第九条，本会议章程未尽事宜，得随时会议增入之。

注：严家炽（1885—1952），字孟繁，江苏吴县人，时任江苏省财政厅厅长。

9 月 15 日，苏社在上海开理事会，先生与黄炎培、张孝若、黄以霖等苏社理事给浙苏两省督军省长发电，呼吁维护两省和平。电文如下：

杭州卢督办张省长，江苏齐督军韩省长，龙华何护公使公鉴：自和平公约成立，江浙人民，日注意于两省长官之一言一动，而深佩其一致实行。惟念数旬以来，讹言四起，政潮酝酿，即层出而不穷，统一时期，更去题之愈远，同人外忧大局，内眷乡邦，惟有切望我两省长官，凛别嫌明微之大义，顾保境安民之宣言，在时局未靖以前，任何变化，勿轻表示，不独防止两省以内不和平之动作，即对外涉有倾向嫌疑之文电，亦请各求避免，以安人心而维公约。同人均隶苏籍，因公约为两省共订，并致区区，统希明教。（1923年9月16日《申报》）

按：第一次直奉战争（1922年4月28日—6月18日）后，曹锟志得意满，急欲登上总统宝座，一方面指使手下赶走了黎元洪，一方面则不惜重金收买国会议员。浙江督军卢永祥受直系军阀挤压，为争取全国舆论支持，于1923年6月7日率先通电，反对曹锟贿选总统，此举得到全国各派积极响应。

与此同时，各反直势力云集沪、杭，商讨联合反直事宜。浙江卢永祥与江苏齐燮元及其直系军阀已成水火不容之势，战争迫在眉睫。江浙绅士发起组织了"江浙和平协会"，奔走于宁、杭之间，进行弥兵运动，终于8月19日江浙双方达成"江浙和平公约"，使江浙形势趋于缓和。为了巩固来之不易的和平，苏社理事们向江浙两省督军省长，再次发出维护两省和平的呼声。

1923年10月10日，曹锟通过贿选登上总统宝座。12日，卢永祥发表通电，不承认曹的总统地位，并声称与北京政府断绝一切联系，这就使曾为曹锟贿选筹措经费出大力气的齐燮元与卢永祥的矛盾加深，最终因福建问题而触发了"江浙战争"。

9月，先生长子马家骅组织慈善医院。

1923年9月28日《申报》载：邑绅马士杰之子马家骅，鉴于本邑无完备之医院，兹特发起，在西门黄氏花园，组织慈善医院一所，专以救济贫病者，并聘曾元、凌鸿生、颜百甸、曹茂勋四医士，担任分科疗治，一俟布置完备，即行开幕。

10月，先生在仪征十二圩投资新办大新电灯公司。

1923年10月13日《申报》报道《电灯公司开幕》：十二圩大新电灯公司，自今春接盘已闭歇的华光电灯公司后，重新组织，起造西式房屋两所，并添设新购电机等物，现已于本月八日开火。

《滨江名镇盐都十二圩》（广陵书社2007年版）载：马士杰在上海购办了一台50千瓦的发电机组，并聘请了技师、技工，不久电厂建成，开机送电。十二圩晚上全街灯光通明，后来装灯户增多，供电量不足，十二圩电厂又增加了一台30千瓦的发电机组。最高负荷70千瓦，年发电量22.25万千瓦，保证了5.6公里供电路线中的盐栈、商户、居民共986户的照明用电。电厂经营机构名为“大新电灯公司”，设在盐场东圈门内的街头，坐北朝南（解放后为芦席厂办公处）。日军侵华后，1938年末，日军将电厂两台电机拆除，分别运到高邮、泰州两地，十二圩从此又是一片黑暗，直到解放以后，才又重见光明。

11月22日，先生与张謇、黄炎培、张一麐等人致电齐燮元、韩国钧等，谈淞沪警察厅易长问题。电文如下：

南京齐督军、韩省长、龙华何护军使钧鉴：淞沪警察厅易长问题，迄未解决。历时愈久，揣测愈多。当此人心不靖之时，金融恐慌之际，何堪重滋惶惑？謇等以为警厅要职，慎选为宜。在军使谋应变之方，固心可共谅，在省长重职权之寄，亦事属当仁。苏省地方，频年幸臻安谧，实赖长官和协，素有互让之精神。宜如何应付事机，当不难从容商洽。特推代表，面陈公意，冀达双方满意之结果。谨电布臆，不尽所云。（1923年11月26日《大公报》）

按：当时的上海属于江苏省管辖，是经济命脉之地。曾任淞沪护军使后升任浙江督军的卢永祥拥有五六万军队，控制着上海、浙江的防务，紧抓着上海不撒手，他认为“上海是浙江的门户，一定要保持”，而担任江苏督军的直系军阀齐燮元，则一心想将上海据为己有，声称：“上海是我们江苏的一部分，一定要夺回。”一方在争夺，一方要坚守，其争夺战首当其冲的是身为淞沪警察厅长徐国梁。徐国梁是齐燮元的心腹，拥有7000多人警察队伍，控制着大上海的治安。

卢永祥通过各种关系联系上了当时创建了斧头帮的暗杀大王王亚樵。王亚樵经过周密策划，于1923年11月10日趁徐国梁外出到澡堂泡澡之际，对徐国梁进行伏击，徐国梁在逃跑时被枪击成重伤，后不治身亡（时年47岁）。淞沪警察厅长徐国梁被杀后，引出了一个新的问题，就是淞沪警察厅长继任人选问题，江苏督军齐燮元委申听禅继任，但是卢永祥坚决不同意，而是委令警署部务科长陆荣钱接署。两派对于上海的争夺成为不可调和的矛盾。先生与张謇、黄炎培等士绅发电乃至派人调解，没有效果。持续一年不到时间，到1924年9月，卢永祥和齐燮元的江浙战争全面爆发。

是年，先生参与捐建的扬州望火楼竣工。

《扬州消防志》记载：民国八年（1919年）12月，扬州救火会会长戴静山因为本城缺乏望火警钟，拟于新旧城适中之地点建设望火楼一所，以资守望。四年后，由扬州著名乡绅马士杰、大律师郭震、正阳楼老板李桂生、商界巨头刘春华等人捐建的教场望火楼竣工。这成为扬州消防组织和消防设施的象征，闻名遐迩，扬州30年代的火警电话即设于此。

是年，先生捐赠普济号渡轮，摆渡镇江至泗原沟。

《江苏省会辑要》记载：“民国十二年，江北士绅汪咏沂、马士杰、李耆卿等，鉴于义渡覆溺之惨剧，乃毅然发起募集巨款，购造该轮渡。船身为铁壳，总吨一百八十八点零七，长百另六丈，载客四百一十六人，行驶镇江到泗原沟，以救济渡江之贫民。嗣后因收支不能相抵，无法维持。乃于十七年，将普济轮全部资产赠与镇江、江都、仪征三县商会。始由三商会聘请各地人士组织管理委员会。经常支出月约二千三百元，渡资收入大约相抵，财政厅年助二千四百元，足资渡轮岁修之用。”

按：据民国时期供职于江苏省党部、镇江维持会委员长闻谅直撰写的《普济轮与陆小波先生》（载《镇江文史资料》第15辑）所记：“镇江港的普济轮，有悠久的历史，它自1923年下水以来，除抗战八年被日寇作为战利品一度调离镇江外，一直在本港为大江南北交通服务。解放后，由人民航运部门接管，改名飞济，至今仍在继续服务中。它的船长、总吨位、载客量，解放前居长江沿线小轮中的首位。”闻谅直在该文章中说道，《江苏省会辑要》记载，基本符合实情，唯所设“募集巨款”，实际是马士杰一人出资，大约是二七宝银3万多两。汪咏沂、李耆卿为斡旋之人。

注：宝银，即银元宝，一种银锭，呈马蹄形，重50两。宝银成色在各地都有参差。分有足宝（指标准的纹银）、二四宝银、二五宝银、二六宝银、二七宝银等。为什么有个二七宝银？在成色较标准的银两其足纹高于各种中型及小型银锭计伍拾两时，在折合纹银时，其可由公估局批升二两七钱，故称之为二七宝银。

1924 年（民国十三年），先生 59 岁。

1 月，江苏省自治法筹备会给全省名儒耆硕发征求意见通告，先生收到通告函。

1924 年 1 月 11 日《申报》载：敬启者，窃以国家多故，丧乱频仍，大典虽已告成，省宪迄未产出，欲蕲地方之安谧，端赖自治权行，我苏近年以来，庶政泯棼，财源匮乏，外观时釁，风云之酝酿方酣，内轸民瘼，水火之呼号益亟，苟非尊崇法治，奚以共入坦途。本会有鉴于此，爰集合全省县议会，并联络省议会，及全省各法定职业团体，共同筹备，次第进行。俾期大法朝成，倒悬夕解，凭依公意，不掺一介私心，考订成书，永定百年大计，先生梓桑人望，乡国耆英，片语足珍，万流仰镜，倘获南针之赐，庶无北辙之迷，非特本会同人之幸，抑亦全省同胞之福也。

2 月，先生与张一麐、黄以霖、黄炎培等苏社同人发电给南京齐巡阅使韩省长，请撤电话借款密约。

南京齐巡阅使韩省长钧鉴：交通部敷设沪宁长途电话计画，自报章披露电话借款合同后，其为履行该合同第四条担保品之第一款，已属显然，查前此订约时之黑幕，虽经十一年八月十六、十七两日政府公报披露，非现政府所能负其全责，乃竟不图补救，反锐意进行增加借款担保品之工程，凡为国服务者岂宜出此，况华会条约签订以后，此等合同，早应废止，应请立饬工程经过各县，阻止动工，一面速电北京政府，将电话借款合同与电报借款合同，一并撤销，以免酿成国际交涉，而保全国电政交通之权，又有进者，苏省各电话局，民国初年均系地方自办，应请将本省各电话局收回省有，以符宪法第二十五条第一款之规定，此系政府造成地方隐患，而本省勉图自救之策，迫切电陈，伫盼电复。段书云、张一麐、黄以霖、沈恩孚、袁希涛、马士杰、黄炎培、钱崇固、宋铭勋、朱绍文、陈坚、冒景玮。（1924 年 3 月 1 日《申报》）

3 月 23—25 日，先生参加苏社在扬州召开的第五届大会，先生被推选为理事。

3 月 25—27 日《申报》连续对苏社扬州大会进行了报道：3 月 23 日下午，苏社第五届常会在扬州，假省立第五师范风雨操场召开，到会社员 160 人，新社员 250 多人，旁听约 200 人。会议开始首先由贫儿院音乐队演奏，公推黄伯雨主持会议，黄伯雨报告社务，接着由张君劢做“联省自治与公民投票”、赵石民博士做“化学与实业”演讲。再接着提议有关事项，共 13 件，其中最重要的是请省议会优先议定省自治法会选举法案，请愿省会，优先议决省自治法会议代表选举法并选出代表，以促成省自治法会案。

3 月 24 日，游览扬州风景。

3 月 25 日上午，观看陆军第五旅武术教育和表演。下午选举 19 位理事，其中有黄炎培（265 票）、张謇（220 票）、马士杰（250 票）、韩国钧（245 票）。

4 月 5 日，先生参加苏社理事会，先生被推举为苏社扬州事务所主任兼研究主任。（1924 年 4 月 6 日《申报》）

4月24日，先生家工人遭士兵殴打，伤势甚重。

24日下午4时，先生家工人张宏有替先生挑礼送至河务孙汛员署做寿，路上与两兵士相撞，碰翻礼物，遂起争吵，经路人劝解离开。张送毕回归，两兵士在庙巷口拦截，痛击张宏有，以致血流满面，不省人事，后由其叔诉到县署，25日开庭审判。（1924年4月28日《申报》）

5月11日，省导淮协进会成立，推选理事25人，先生与黄以霖、张孝若、黄炎培等人当选。

该会以研究导淮方略，促进导淮事业为宗旨，会所设在南京，苏皖豫三省具水利学识经验，有志研究导淮策略者，经会员二人以上介绍，均可为协进会会员。（1924年5月13日《申报》）

7月，先生请到省款，瓜洲到镇江的轮渡恢复运行。

按：瓜镇轮渡，系属慈善性质，先生为创办人，为维持普济号正常运行，先生争取省里资金，恢复轮渡，以资普济行旅。渡资分两等，铜元八枚与四枚。1924年7月3日《申报》以"瓜镇轮渡恢复"为题报道此事。

8月24日，先生与黄以霖、张一麐、黄炎培等人发电给南京齐督军呼吁和平。电文如下：

南京齐督军鉴：公既开诚见示，则苏浙两省洞达事理之人，皆已了然于症结之所在，惟两方正各谋自卫，即彼此已不免猜防，为贯彻和平宗旨计，急宜确定缓冲地线，两省驻兵，各离边境若干里，以为瓯脱之地，再以苏浙人民公意，促当局互遵条约，永释前嫌，请公顾念时局艰难，金融之紧迫，先行表示采纳，一面由浙人士向卢督办为同式之请求，两方各不越雷池一步，如逾此线，即为戎首，掬诚续达，伫盼福音。黄以霖、张一麐、沈恩孚、马士杰、袁希涛、方还、钱崇固、黄炎培、史量

才、陈陶遗，敬。（1924 年 8 月 25 日《申报》）

按：江浙战争，又称齐卢战争、甲子兵灾。是 1924 年中华民国江苏督军齐燮元与浙江督军卢永祥之间进行的战争。这场战争实际上是直系军阀与反直系军阀势力之间的一次重大较量。战争发生的时间 1924 年 9 月 3 日—10 月 13 日，地点江浙沪一带，结果是卢永祥在孙传芳和齐燮元的夹击下，通电下野，逃往日本。1924 年 8 月，江浙双方都在备战，山雨欲来风满楼，正是在这样的形势下，江苏士绅有识之士发出和平呼声，提出建议。

8 月 27 日，先生与黄以霖、张一麐、黄炎培发电给浙江高白叔等人，请求浙江同人为苏浙和平协同动作。电文如下：

白叔、竹书……（浙江士绅）等先生鉴：连日，同人等为苏浙和平事，迭请齐督军宣布维持公约之意见，均见报纸，最近敬电请求确定缓冲地线，两省驻兵各离边境若干里，业蒙采纳，兹特抄奉敬电及齐督军有电，奉恳诸公即向卢督办为同式之请求，以期早定人心，俾市面恢复原状，仁人之言，两省同拜其赐，专此奉渎，敬颂公绥。黄以霖、张一麐、沈恩孚、马士杰、袁希涛、方还、钱崇固、黄炎培、史量才、陈陶遗。（1924 年 8 月 27 日《申报》）

9 月 8—9 日，先生两次致函韩国钧，报告筹款解送和运河匪情。信函如下：

（一）止公赐鉴：在邮交陈玉笙统领带呈一函，计邀察览。昨早由邮动身，而首委员赴兴仍未回，不及守候，先将邮、宝两处现洋一万五千元坐汽油船运扬。到扬晤少兰，知其盐务先筹一万。江都八千，商定交渠处统解。当由运局拍发苏密一电，报告情形，谅入台阅。今早已将现洋改觅中行钞票，全数送少兰处，取有临时收据。少兰顷来云，渠定俟盐务款明日交到，至迟后早专人送省。弟已催其能尽明日送出最好。少兰此次极出力，奈扬州市面太坏，无法搜罗。

近来第一困难即运河船只不通。时有军人十名或十数名南北往来，见船即去夺，见轮船即强迫令拖。是否何处军队，莫可究诘；何时何地遇见，皆不可知，以致运输现洋无论多寡，绝对不能冒险。弟昨日所坐汽船尚须假用马镇守使名号。此等事体若不设法查禁，后去运河行旅不堪蹂躏。弟拟请我公转商军署，即云，风闻运河有此等情形，诚虑匪人冒充军士扰害行旅，可否饬于五台山及邵伯镇、淮关等处派军警盘查，如有身穿军服或持械之兵士，凡南北往来者，务令呈验护照及有无公文，俾可知其来历，以肃军纪而防冒扰。此举关系甚重，求公特别注意。

今午首委员来电，兴款五竿已汇存邮。弟今已电属其明日来扬接洽，或俟高邮后批之款筹齐，一起再派专轮运出。此次首委员办事极练达，可否请公加一委令（首委员委令如荷照发，明日该委员到扬，当属其回省候示也。附及），饬其专催江、高、兴、宝四县（或再加盐城、淮安两县）。每县除已解处，务设法各筹借若干，以期源源接济，俾维省用，以便节后或尽廿外再撞解一批也。是否？希酌夺。

弟节前尚须回邮一行。军事情形，报纸所传莫名真相，若竟长此迁延，大局愈难收拾。奈何奈何。省款接济必当协筹，乞为释念。专此。敬颂台安，书不尽言。弟疆恕上言，八月十日。

（二）止公大鉴：昨交卢雨生委员带呈一函，计达台览。今首委员来见，已属其即日晋省请示。昨函请加派首委员催解江北各县解款，除高、宝、兴外，可否加添盐城、淮安、涟水三县，以便分投办理，以后可望源源接济。如荷许可，务请从速办理，公事即饬交该委员带回。江都县可不必加入，因扬州此后金融更无办法也。

军事前线情形闻不能迅期解决，相持日久，大局愈感困难。我辈苦口哓音终无所济。奈何奈何。绍刘今日来省，当可晋谒。专此奉布。敬颂台安，书不尽言。弟疆恕拜启，九月九日。

再，弟拟后日回邮一行，节后廿外来扬。并闻。（引自《韩国钧朋僚函札史料选编》）

10月4日，扬州商团拟于7日前往高邮为先生祝寿。

1924年10月4日《民国日报》扬州讯《商团订期旅行》：本邑商团日来教练，已有成效，现订十日作都市旅行，并悉该团先期于七日前往高邮祝马士杰之寿，兼作旅行。

10月7日，先生致函韩国钧，提出因苏经济状况濒于绝境，暂停运工经费支用的建议。如下：

止公大鉴：昨交首委员带呈一函，计达台览。时局日趋危迫，第一，吾苏经济状况先濒于绝境，此固无可讳言；运局存款，无论商号停顿，非候大局活动不能转机，即银行存款亦已严格限制。局中非经常日用万不可少之款，固须分别筹备，其余凡工程经费似应一律暂停。无论如何，均须停付，以免担任会计之员，内外受挤。纪寅兄诚朴笃实，肯负责任，弟知之最深。处兹大局危殆金融万紧之秋，似不当令独为其难，受种种痛苦。现在水势极平，工程并不迫切，拟请我公迅电运局，凡工程支用一律暂停，候军事平定再议办理。庶办事者有所伸缩，免致无米为炊，先令商场多所纷扰也。弟于运局关系较深，既有所见，未便缄默，尚乞台察施行，不胜盼切。专布。敬颂崇安，书不尽言。弟疆恕拜启，九月九日。（引自《韩国钧朋僚函札史料选编》）

11月，先生收到张謇先生来函。如下：

隽卿仁兄大鉴：前月大寿，由扬局备礼奉祝。兹复书联奉寄，将意而已。喜黄花时节，祝公寿之如川。访绛县老人，纪秦邮之佳话。聊资补壁，敬乞哂存。并颂大安。（1924 年 11 月 5 日《致马隽卿函》，引自《张謇全集》）

11 月，黄炎培与先生、史量才等发起组织甲子社。

黄炎培所注《一甲记》记载：民国纪元十三年，岁星在甲子，七月，同人议创甲子社。十一月二十五日，偕马君隽卿，史君量才，为劝息内战，留滞金陵，啖茗城北鸡鸣寺，座间，余发议组织甲子社，主张在甲子社设人文类辑部，二君深深地表同意。马君且慨任筹费。十四年三月六日，赁屋上海静安寺路一七一七号发表通启，开始工作。此通启，同事支君伟成所草。

人文类辑部，志在选取关于人群文化之纪述，分类庋藏，使修学，著书，施政，行事，得所依据。具如通启所述，着手之初，偏重于搜集过去及现时重要报纸，选择剪贴而排比之，同时搜集杂志图书，以供采考。总名甲子社者，示其工作未欲以此自限也。列名发起者：黄以霖（伯雨）、沈恩孚（信卿）、马士杰（隽卿）、张一麐（仲仁）、史量才、张嘉森（君劢）、黄炎培。任筹款者：马士杰。先后任编辑及其他事务者，黄炎培、易剑楼、支伟成、卢文虎、居石涛、潘孟翘、马仲云、孙山甫、黄忏华、陈怀圃、王保奎、朱子勉、顾向文、徐树仁、张野遇。

《上海图书馆事业志》载：民国十三年，黄炎培与马士杰、史量才等发起组织甲子社，后改名人文社，编辑出版《人文月刊》，筹办人文图书馆（后定名鸿英图书馆）。

注：史量才（1880—1934），名家修，字量才，南京江宁人，杰出的商人、报人、教育家，近代中国出色的报业经营者。1912 年始任《申报》总经理，1934 年 11 月 13 日，死于国民党特务的暗杀。

1925年（民国十四年），先生60岁。

1月23日，先生与黄以霖、黄炎培等人发电给北京段执政，苏浙军政两长，提出和平方案。

按：江浙战争之后，双方还处于对峙之中，后续问题需要很好处理，先生和江苏有识之士关注时势，发致电文，参与意见，以求和平。

1925年1月27日《申报》刊载了该电文：

北京执政，南京卢子嘉（卢永祥）先生、韩紫石（韩国钧）先生，杭州孙馨远（孙传芳）先生、上海齐抚万（齐燮元）先生钧鉴：苏人苦兵久矣，淞沪之创未平，常锡之祸又作，菁华灰炉，家室邱墟，人民何辜，重遭荼毒，各军事当局而不忍苏民沦胥以尽也。尚恳根据苏公团迭次之要求，实行下列各条件：一、子嘉（卢永祥）先生速率奉军俄军及所部十师开离苏境，实践以苏还苏之宣言。二、抚万（齐燮元）先生实行号电主张，立即偃旗去国。三、馨远（孙传芳）先生速饬部下开拔回浙，淞沪区域交由淞沪地方人民完全自治。一切善后事宜，由苏行政长官妥为处理。本各方互让之精神，解群众倒悬之痛苦，默察现时情势，惟此或可挽救危局于万一。如蒙鉴纳，即请双方先行停战，并乞即赐电复，以便公推代表分投商榷，先定缓冲地点，再商撤兵日期，俾资解决，并要恳中央毅力主持，至为感祷。黄以霖、祝大椿、沈恩孚、马士杰、袁希涛、张一鹏、黄炎培、张嘉森、吴家煦、张福增。

3月，先生被聘为江苏善后委员会委员。（1925年3月30日《申报》）

按：苏省兵灾以后（江浙战争），民生痛苦，甚于倒悬，救死扶伤，不可终日，所有军政民政财政，既须急速解决，尤须连带解决，正基于此，江苏由卢宣抚使（卢永祥）发起成立善后委员会。

4月10日，先生参加江苏善后委员会会议。

1925年4月12日《申报》报道：江苏善后委员会于四月十日上午十时在旧督府会议厅举行开幕礼。到会者有卢宣抚使，韩省长，军界陈帮办、张军长、郑师长，江宁朱镇守使、冷总司令、刘参谋长、吴参谋长、崔参谋长，政界杜盐运使、财政厅曾厅长、实业厅徐厅长、警务处王处长、金陵徐道尹，各法团代表，士绅张一麐、马士杰、黄以霖、张謇等共40余人。

4月，先生被国立自治学院选为董事会董事。

1925年4月16日《时事新报》报道：国立自治学院，董事会董事段少沧病故，改选马士杰继任。

注：国立自治学院，系由黄任之、袁观澜、沈信卿等创议，商同韩紫石赞成，业经拨定经费，聘张君劢为院长，于1924年开办的。校址在上海。1925年10月，国立自治学院改称国立政治大学。1927年2月北伐军到达上海之前，国立政治大学停闭。

5月，先生与王清穆、黄炎培等人联署向江苏善后委员会提议，酌拨撩浅军（专门工程养护的队伍）浚治太湖流域。（1925年5月6日《申报》）

6月1日，先生经营的同兴公钱庄遭劫。

1925年6月5日《申报》报道：高邮北门同兴公钱庄为邑绅马隽卿所经营，远近知名，讵该庄于1日晚遭盗，十数人入门打劫钱财，以手枪示威，吓禁庄伙声张，搜劫钞票现洋三千余元，携赃而去，迨报官厅饬警缉追赃盗，已鸿飞冥冥。马侨寓扬城，得悉前情，已令三子叔昂，来邮察勘一切矣。

7月17日，先生与韩国钧等人视察三仓垦区。

《止叟年谱》记：韩国钧“七月十七日偕淮安田鲁渔及马隽卿、黄溯初三君同赴三仓视察垦区”。

注：三仓：镇名，隶属东台，因自古有盐商在此煮盐，设立盐仓，三仓由此得名。泰源盐垦公司就在三仓镇。

黄溯初（1883—1945），温州郑楼人，近代实业家、教育家。欧海医院、温州大学创办人。曾任南京临时参议院议员，苏浙皖矿务署署长。

11月15日，先生与黄以霖、张一麐、黄炎培等苏绅电慰徐省长。

1925年11月16日《申报》报道：苏绅昨电慰徐代省长云：南京徐代省长鉴，捧诵宣言，弥怀劳尽，苏事现虽粗定，非公求退之时，尚祈顾念桑梓，勉为现状。黄以霖、张一麐、沈恩孚、马士杰、袁希涛、黄炎培、史量才、陈陶遗，敬。

注：徐代省长即徐鼎康（1876—1938），字锡丞，江苏嘉定（今属上海）人。民国成立后，曾任吉林民政使，安徽省安庆道尹。1925年1月任江苏省金陵道尹，10月护理江苏省篆，即代省长，1926年12月由孙传芳委任为江苏省长。1927年3月北伐战争江苏战局展开后，弃职赴沪。南京国民政府成立后，任江北运河工程局长。晚年，经济窘迫，家境萧条，1938年病逝，由佣者拼凑数百元料理后事。

按：包括先生在内的苏绅，希望苏人长苏，政局稳定，所以电慰徐鼎康，希望他不要辞职。

11月，先生与张一麐、章炳麟、黄炎培等江浙士绅联署发电给孙传芳，提出苏浙善后计划。孙传芳没有作出回应。（1925年11月26日《申报》）

1926年（民国十五年），先生61岁。

3月1日，前江苏省长韩国钧来扬州到先生家，吊唁范夫人丧。

苏绅黄伯雨由沪来扬，至先生家吊唁范夫人丧。（1926年3月2日、3日《申报》）

3月9日，先生参加江苏运河工程局评议会，被公推为代表赴宁谒见孙司令、陈省长，报告会议情形。

1926年3月11日《申报》载《江苏运河工程局开会纪》：督办江苏运河工程局，集淮扬徐海通五属二十五县评议员，于九日下午三时半在本局开五六两届评议会，计到议员鲍友恪等三十七人，首由主席韩紫石报告开会宗旨，次由参赞王叔相报告十三、十四两年经过情形，次吴科长宣读本年施工计划，次开始讨论议案。计议决本局提案六，评议员之案四，所有议决各案，公推黄伯雨、卢绍刘、马隽卿、王叔相等四代表，即日赴宁，谒见孙（传芳）司令、陈（陶遗）省长，报告会议情形……

注：陈陶遗（1881—1946），原名瑶，字道一，上海松江人，早年肄业上海公学，又留学日本早稻田大学，为南社最早社友，入同盟会，参与辛亥革命，1925年冬至1927年初就任江苏省长。书法精湛，尤致力章草。

3月14日，在济南场大源制盐公司股东会上，先生被选

为董事。

1926 年 3 月 17 日《时事新报》报道：济南场大源制盐公司，于昨日（十四）下午假何园开股东会。首由监事董事等，报告六年中之账略及经过情形，次即提议整顿公司议案，共为十案，议决九，保存一，次选举董事九人，监察二人。纪录如下：董事张小松、马士杰、黄以霖、张宓、吴潜甫、许健云、邹聿文、张涵衷、恽季申，监察李梅隐、高幼农。惟被选之邹聿文、许健云，亏空太巨，股东啧啧有烦言，能否不受排挤，此际尚难预料也。

3 月 20 日，先生与黄伯雨赴宁，与当局协商运河工程计划及经费问题。

3 月，先生参加江浙协会第一次常会，会议通过章程。

1926 年 3 月 22 日《申报》报道：江浙士绅组织江浙协会已于三月七日成立，于日前在全浙公会开第一次常会，通过简章八条，兹照录如下：一、本会由江浙二省同志所组织，故名江浙协会。二、本会以就江浙二省之情状，协图幸福与进步为宗旨。三、凡赞成本会之江浙人士，由会员二人之介绍，经本会认可者，均得为会员。四、本会每月开常会一次，临时会无定期。五、本会分讨论、交际、调查、编纂四股，其办事细则另订之。六、本会设干事二十四人至四十八人，每月以二至四人为值月干事。七、本会经费以会员捐助及会外捐助充之。八、本会所在地上海。

该会会员至昨日止有四十人（其中有马隽卿、黄伯雨、章太炎、黄炎培等）。

5 月 5 日，江浙协会致电江浙各法团，反对湖田放垦，先生参与联署。电文如下：

江浙各法团钧鉴：江浙之有太湖，乃农田之大命，财赋所自出，亦即浙西潴水蓄泄之枢机，数郡人民田庐生命所系焉者也。前清时代，有永禁放垦之碑志，民国初元，有苏同乡呈明禁垦之部咨。迄民国十二年，太湖水利局以浚垦兼施，饰词咨部，将籍浚费为由，破除垦禁。……本会为江浙两省谋治安，他无暇计，独此利害切肤，不能不合词呼吁，应请当局严令禁止放垦。……除公函两省军民长官外，尚祈各地方法团暨两省父老兄弟一致主持，无任跂祷。江浙协会：黄以霖、褚辅成、姚文明、顾乃武、沈恩孚、张传保、马士杰、汤尔和、袁希涛、魏炯、沈惟贤、沈泽春、孟森、俞凤韶、沈鹏年、殷汝励、黄炎培、余名铨、张嘉森、钱崇固、赵正年。（1926年5月5日《申报》）

5月5日，中华职业教育社第四届议事员选举开票，先生得20票，当选为候补议事员。（1926年5月7日《申报》）

5月16日，先生参加江北长途汽车公司第三届股东常会，到会101人，合1500多股权（总计股权1900多），先生在会上被选举为董事（董事共九人）。（1926年5月18日《申报》）

5月26日，先生参加中华职业教育社第一届董事会第一次会议，先生与黄炎培、史量才、张一麐等人为首届董事会董事。

《上海中华职业教育社志》记载：民国十五年（1926年）5月26日举行第一届董事会第一次会议。选举黄以霖为主席，通过董事会议事规则十条；又为节省开会时间起见，议决“每次董事会开会，所有议案由办事部于预告时先寄各董事研究”。因原已选出的改任董事宋汉章、张謇、范源濂等辞不应选，决定由候补人递补。首届董事会董事为：黄炎培、沈恩孚、袁观澜、穆藕初、张一麐、史量才、张一鹏、贾丰臻、聂云台、张嘉璈、王正廷、许沅、郭秉文、穆抒斋、钱新之、荣德生、阮尚介、黄以霖、黄庆澜、王丰镐、陆规高、蒋梦麟、马士杰、施肇曾、章慰高。

6月12日，江浙协会致电南京孙、陈两长（孙传芳、陈陶遗），主停太湖放垦。先生与黄以霖、黄炎培等人联署。电文如下：

南京孙联帅陈省长赐鉴：庚咸两电均悉，承示先就洞庭东山放垦，果否远距浚线，与水利无关，未见图说，难释群疑。东山当濒湖渚溇泄水之冲，因于私垦，不加禁阻，反予助成，殊嫌奖进营私，近见报载，有分等定价放领之说，下流阻滞泛滥之祸，岁岁堪虞，似不宜图一时之利，而贻万世之害。除推代表于节后趋前痛陈外，切盼稍念民瘼，详加审度，暂停放垦，妥筹办法，两省幸甚。黄以霖、沈恩孚、马士杰、黄炎培……叩文。（1926年6月13日《申报》）

7月20日，先生参加江北汽车公司董事会，被推举为常务董事。

1926年7月22日《申报》报道：扬州江北汽车公司今日（二十）开董事常会，到会有马隽卿、卢绍刘等七人，议决要案：1. 轮渡改租马隽卿置产龙驹号，月租一百八十元，如因事停轮，须以江春济接班。2. 推举朱干臣、马隽卿为常务董事。3. 于经理之外，添常务或普总监察一人，当场推举万绅伯担任，月薪未定。4. 现在每月收一万一千元，公司负债四万余元，以后每月开支不得过七千元，余款留为还债。

8月24日，张謇去世，先生接到电文。

1926年8月26日《申报》南通来电：申报馆史量才先生并转张仲老、黄伯雨、马隽卿先生钧鉴：张啬庵先生于夏历七月十七日逝世，特此奉闻。南通张宅治丧处叩。

8月，江北汽车公司经董事会议决，公议价购先生龙驹轮船。

1926年8月28日《申报》报道：该船机器灵敏，航行迅速，计价八千五百元，由公司分期兑款，交船时间阴历七月十五日。

9月，中华职业教育社为捐款者题名立碑，先生捐资40元，载入“中华职业教育社百年基金题名”。

《上海中华职业教育社志》记载：题名者六十六人，共银一万零一百四十五元二角五分。

9月20日，先生与韩国钧、田鲁渔到三仓垦区开会并视察。

《止叟年谱》记：九月二十日，同马隽卿、田鲁渔至三仓垦区会议，又同周历各组，冒风雨、犯霜露，往返四五日，颇劳。

注：田鲁渔（1865—1954），淮安人，光绪二十九年（1903年）进士，历任宁国县、太和县知县，六安州、泗州知州，因在皖有垦荒经验，韩国钧请他帮助制订规划，指导垦植。

11月11日，先生参加江北汽车秋季董事会，讨论金融收支安排等事宜。（1926年11月20日《申报》）

1927年（民国十六年），先生62岁。

3月，先生发电给财政部，请求发行纸币。

1927年3月27日《大公报》，江苏典业银行董事长马隽卿呈财政部云，呈报商行十五年（1926年）度营业概况，暨纯益数目，仰祈鉴核备案，特许发行纸币。

5月，北伐战争中，北洋军阀孙传芳的军队在溃逃前抢劫了先生经营的北门当典。

《高邮文史资料》第18辑《高邮当铺》写道：高邮城二爿当典几经易手，至清末民初，爱国绅士马士杰成为最大的股东，后来南门当典由马士杰的亲家翁何梓独家经营（何时关门不详），民国十六年5月29日，国民革命军第十七路军第二十一师北伐至高邮，北洋军阀孙传芳的军队在溃逃前抢劫了北门当铺，而致北门当铺停业。

注：北伐战争，是由中国国民党领导下的国民政府以国民革命军为主力，蒋介石为总司令，于1926年至1928年间发动的统一战争。北伐结束后，南京国民政府正式统治中国，中国实现了形式上的统一。

孙传芳（1885—1935），字馨远，山东泰安人，直系军阀首领，与张作霖、吴佩孚并称为“北洋三大军阀”，浙、闽、苏、皖、赣五省联军总司令，“恪威上将”，人送外号“笑面虎”，号称“东南王”。民国十六年（1927年）2月组织兵力阻止国民革命军北伐，最终主力军消耗殆尽，一蹶不振。民国二十四年（1935年）11月13日，被刺身亡。

按：先生在高邮三垛也开设一家典当铺，《高邮文史资料》第六辑《高邮金融业史话》一文写道：1927年后典当业营业不振，相继收歇，惟三垛典寿命独能延长数年，因为三垛典特殊，除衣服首饰外，连农具（农用船、水车）、粮食（稻谷），甚至活牲畜（耕牛）也可收当。收取仓租、保管费，牛自备饲草代为喂养。贫雇佃农颇为称便。原因是三垛周围多一熟水低田，秋收后缴完租赋，余粮无多，冬季又无农活可干，于是就把剩余粮食或农具耕牛送往三垛当典代为保管，用泥土将屋门封闭，当几个钱充盘费举家往江南上海等埠做半年临时工，积攒点农本，次年春返乡，赎回质押物品，从事春耕生产，年年如此，习以为常。

1928年（民国十七年），先生63岁。

8月，普济轮停航改组。

1928年6月28日《申报》报道：普济轮渡，为往来大江南北普济渡船，近年因原办人马隽卿辞职，每年亏折，无力维持，改由商会接管。该轮票资分六角、四角、三角数种，每日渡客来往数千人，收入可敷开支，惟轮船职员及茶役，积弊甚深，不易改革。现商会决议将该轮内部改组，并将该轮重新修理，已令截止阳历六月底为止，先行停轮，入坞开工，另借小轮开行，以利交通。

11月25日，先生参加“中华国货展览会”。

1928年11月26日《申报》报道：昨逢星期，各界多休假，是以国展会参观者人山人海，拥挤不堪，西院又值比赛篮球，凭栏而观者，排列如屏风。各陈列部，亦有人满之患。售品部交易尤多，其盛况得未曾有。党国要人及名流到者，有训练总监何应钦及其夫人王文湘女士，中央研究院总干事杨杏佛及其夫人赵志道女士，航空处处长张静愚、外交部秘书长樊光，中央大学医学院院长颜福庆，陆军第一师党部秘书凌承绪，李立芳及中华职业教育社黄伯雨、黄任之、马隽卿、沈信卿、荣宗教、赵运文等。

按：1928年中华国货展览会是近代中国规模最大的一次

全国性的国货展览会，也是南京国民政府成立后，在经济民族主义的策动下，按照“官商合办”模式成功主办的第一次国货展览会。展览会11月1日开幕，1929年1月3日结束，历时64天。

1929年（民国十八年），先生64岁。

8月，镇江普济轮渡的管理面临问题。

1929年8月25日《申报》报道：镇江普济轮渡，向由马士杰管理，今春由董事会改组，托镇江商会管理。但该轮内部整理不易，商会不能过问，近来因乘客过额，被海关连罚三次，商会方面，反受海关责备。该轮经理刘光如，久不问事，日前已在沪病故，昨负责董事刘啸东等，假商会开谈话会。对于海关限制人数过少，须请求增至二百余人，至于管理问题，商会既不能行使职权，请求退出，有人提议，由镇扬仪三埠商会值年管理，将该轮内部实行改组，如何解决，尚得下次会议讨论。

1930年（民国十九年），先生65岁。

4月8日，先生在扬州参加泰源盐垦公司董监会议。

先生在高邮城中马棚巷开设“碧玉泉”浴室。

1930年3月22日《淮海日报》报道《高邮马棚巷碧玉泉汽水盆浴堂开幕》：本堂为优待顾客、注重卫生起见，特建筑盆堂，改良浴池，打理房产，置备用品，并聘扬镇各大埠著名盆浴堂之跑池、茶房，以期招待。事到现已修理完竣，择于夏历五月初四日开幕。谨将本堂所有待周，奉告辱承，光顾始信非诬。

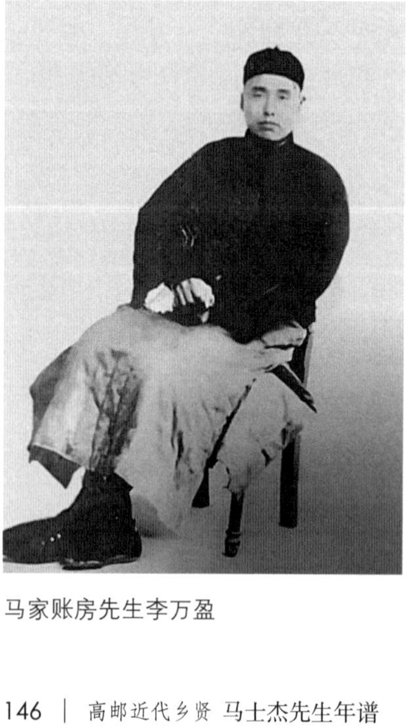
马家账房先生李万盈

1. 汽水盆堂，便利洁净。
2. 宽深浴池，舒畅洗涤。
3. 单独房间，布置精雅。
4. 宽大座位，起坐舒适。
5. 用品清洁，宜于卫生。
6. 陈设精良，合乎美术。
7. 招待周到，伺应便给。
8. 装置电话，以便顾客。
9. 地点适中，交通便利。
10. 定价低廉，别无需索。

碧玉泉主人谨启

按：据先生小女马润宜回

忆，马家有胡贵、金汉文、李万盈等几位账房先生，碧玉泉浴室的财务由李万盈负责。马润宜记得李万盈几乎每天上午端个木盘，把一封封铜板交给先生。有一年，碧玉泉浴室突然房梁起火，里面洗澡的客人不顾一切纷纷出逃。街面上的女性看到，不知发生了什么，都来不及捂面躲避，街面上一时混乱不堪，成了人们好一阵子的取笑谈资。事后有人说，是得罪了黄鼠狼所致（黄鼠狼用尾巴摩擦房梁立柱），于是浴室特设一龛位，里面立黄鼠狼牌位，天天烧香朝拜。

1931 年（民国二十年），先生 66 岁。

8 月 26 日，高邮运河堤决口，先生家受淹尺许。

1931 年 8 月 31 日《申报》报道：据高邵（高邮邵伯）实地调查员报告堤决状况，高邮决堤前，因崩监逃犯甚多，临时戒备，四门均闭，水到始知。北门外北市，首当其冲，深一丈许，高邮精华，本在北市，完全冲没，仅存盐店、盐栈及裕亭面粉公司房屋坚固未倒。盐店同人，均居楼上，裕亭工人二百余，亦登楼免难，二十八日始获船救。中市地身较高，马隽卿家地基最高，仅淹尺许，并未伤人。前往勘灾者进南门，用小船代步，北门水深，万难行舟，东西门虽堵塞，城墙岌岌欲倒，玉马（御码）头两头倒去，中段尚存，上有难民数百人，惟水深舟险，不便散赈，仅有王蕴之冒险往散干粮一度。现北门水已退去大半，深仅三尺。惟城内外死尸遍处，均沉水中（因无棺可收，无地可埋，故无捞尸者），腐朽之臭气熏天，而该处灾民，仍吸此水，将来恐不免成疫。

按：1931 年六七月份，淮河流域连降大暴雨，造成各大河流齐涨。由于雨量大，上游泄洪量多，加上受江水顶托，高邮湖、邵伯湖水位滞涨不已，并漫入里运河。到了 8 月 15 日，高邮湖水位达到 9.46 米，运河西堤沉没露齿，东堤水平堤顶，运堤一线岌岌可危。8 月 26 日凌晨，突然起了西北风，高邮湖发生湖啸，湖水由西向运堤直冲而来。到了凌晨5点，城北挡军楼、庙巷口、御码头、七公殿等地方堤坝先后溃决。洪水直扑城北、城东，声音似山崩地裂，高邮城瞬间一片汪洋。时隔不久，里下河各县尽成泽国，千万百姓遭受灭顶之灾。而逃过水灾一劫的灾民接着又遇到瘟疫流行，病死者不计其数。据《运工专刊》记载，这场灾难，里下河地区有1320万亩农田颗粒无收，倒塌房屋213万间，物产损失达2亿元以上，受灾民众约58万户350万人，有140多万人逃荒外流，77000多人死亡，其中被淹死的19300多人。

8月底，先生作为高邮难民代表给省府发电，请求拨款赈灾。

《江苏省政府公报》载：1931年9月2日，第1861号批示：扬州高邮难民代表马士杰等……电为高邮五千难民已经到扬，望汇款急赈由。电悉，已派员携款前往发放急赈矣，仰即知照！此批。

9月5日，江北水灾临时义赈会视察高邮，先生述报高邮灾情。

1931年9月26日《申报》报道《江北水灾临时义赈会视察江北灾区情形报告》：……五日由扬至邵……午后抵邮，即赴运堤察看，所有东西堤崩溃之处甚多，最长者为挡军楼，有二百余丈，田亩屋宇，悉为洪水冲没无存，决口处水溜甚急，如万马奔腾，可想见当日决堤时人民死亡流离之惨。城内水深之处，犹有四尺余，晤该县士绅马隽卿、王蕴之诸君，述全县人民约六十余万，被灾者有四十余万人，已及三分之二，空前浩劫，言之痛心……

9月，先生名列《当代中国名人录》。

该书由良友图书印刷公司出版发行，编纂者樊荫南，叙述中国最近党、政、学、商各界名人之事实，所录之人，分姓名、别号、年岁、籍贯、出身、历任职务、现任职务。所载皆以民国二十六年为准，全书四百余页，四十余万言，用上等毛道林（纸）精印，洋装金字。实价大洋四元，邮资另加。（1931 年 9 月 18 日《申报》）

10 月 30 日，淮扬水灾善后委员会召开成立大会，先生被公推为主席团五位成员之一。

1931 年 11 月 1 日《申报》报道：淮扬水灾善后委员会三十日午后，假商会开成立大会。到江、仪、高、宝、兴、东、盐、泰、淮、淮十县人士百二十四人（阜宁缺席），公推韩紫石、李恭简、鲍执之、胡震、马士杰五人为主席团，互推韩紫石为主席，提议件八件，戴天球临时动议请用本会名义，请紫老电省向叶主席请愿，凌月如临时动议，以各县代表名义，呈送请愿，推王蕴之等八人起稿，即日办成，交紫老携呈主席，最后推举各县执委，计江高等十县，五十一人（阜宁缺），按开执委会，讨论议案。

11 月 2 日，淮扬水灾善后会召开会议，改善后会为善后协会，先生被推举为善后协会常委，韩国钧为常务主席。

1931 年 11 月 3 日《申报》报道：淮扬水灾善后会于前日成立，并由大会议决，关于工程事宜，公推韩国钧赴省，面谒叶主席请愿。韩于昨日返扬，当由该会召集全体会员，于午后二时假江都县商会开会，请韩氏报告赴省接洽经过。韩遂出席报告：国钧负大会使命，于昨日早七时渡江，面谒叶主席晤谈约三小时之久，对于国钧请求各点，均荷采纳，省府极愿官民合作，将来地方如有提议，凡力之可能施行者，无不尽量采纳。对于决口修防工程，由官厅办理，地方苟有请求，皆可从长计议，施工绝对从实际方面去做，经费已筹集二百万元，自即日起至明年二月止，分三期交清，至其余三百万元，尚须另筹。国钧又谓工程人员尤为重要，王君叔相如愿担任，须转请其即日负责进行，至水灾善后委员会，与省府所设名义似嫌相混，现拟改名水灾善后协会，以示区别。叶主席亦极赞成，并拟将镇江所有之五县善后会，与此间善后协会合并，会章亦以拟略修改，诸君以为何如云云。各代表均认为会章确有修改之必要，当经精密讨论，逐条表决通过，镇江之五县善后会，亦一致欢迎加入本会，至常委决每县推派一人，兹将当选之常委姓名照录如下：江都胡显伯，仪征包翔仲，高邮马士杰，宝应鲍执之，兴化陈康和，泰县韩国钧，东台任瑶阜，淮安田鲁瑛，淮阴徐庶侯，盐城祁益之，阜宁高子云，并互选韩国钧为常务主席。

注：叶楚伧（1887—1946），江苏吴县人。同盟会会员，民国著名报人、小说家、南社诗人。历任国民党中央宣传部部长、江苏省政府主席、国民政府委员、国民党中央执行委员会常委兼秘书长、国民党立法院副院长等。抗日战争胜利后，任苏浙皖三省、京沪两市宣慰使。1946 年 2 月 15 日在上海病逝。1930 年 3 月 17 日—1931 年 12 月 15 日担任江苏省政府主席。叶楚伧曾为《高邮民报》题写报头。

11 月 8 日，先生与韩国钧等水灾善后协会有关人员，受省府叶主席邀约赴省府商谈修复运堤事宜。

1931 年 11 月 11 日《申报》报道：苏省府主席叶楚伧，日前电请江北水灾善后协会常务主席韩紫石，邀约各县代表来省，商谈修复运堤办法。韩遂偕十一县代表胡震、马士杰、包翔仲等三十七人专轮来镇。八日上午九时，前往省政府，当由叶楚伧、沈伯先先邀入省委会议室谈话。首先由韩紫石起谓“国钧日前所陈节略，已蒙逐一答复，甚为感谢，但同人对于答复各点，认为尚有未能明了者：1. 经费筹划，2. 材料运输，3. 完工时期，缘河堤一日不堵，里下河十数县人民一日不能安居，今日又辱承主席与沈厅长电邀来省，尚希主席厅长多赐教，以便各代表回至本县告慰灾民云云。当由叶氏表示：1. 经费方面……，2. 材料方面……，3. 完工时期。已与沈厅长计议，如果经费材料不发生困难，四个月内即可完成，绝不致至来年桃汛之后。至于工程方面，另由沈厅长详细报告。旋由沈伯先起谓……，次由各代表胡震、马士杰、陈康和等先生发言，商谈至十二时始出。……

11 月 26 日，先生与韩国钧在高邮勘查灾情。

《止叟年谱》记：韩国钧“十一月二十六日偕马隽卿至高邮勘查灾情，二十九日至省邀王叔相来晤，十二月二日在省府会议，任余善后工程处副主任委员”。

按：先生曾任江北运河局总办、咨议，一直关注运河的整治，对运河的情形非常了解。运堤决口后，先生积极投身到救灾中，从现有的资料照片能够看出，先生为水灾善后做了很多有益的工作。

12 月 3 日，江苏国难救济会成立，先生参与其中，与韩国钧、黄以霖、张一麐等人发电给东北各军将领以及国民政府外交部，呼吁奋起团结，一致对外，为国家谋生存。电文如下：

（一）北平于孝侯军长，王以哲旅长，暨东北各军将领钧鉴：日占东省，不战而退，国格丧亡，千古奇耻，近复锦州告急，寇益深入，主帅是否决意作战，殊难悬揣，诸君皆爱国男儿，自问天良，将何以自处，夫万民竟膏血以养兵，一人为地位而让敌，究竟万民与一人孰重，诸君乃国家干城，绝非私人奴隶，国势阽危至此，似应及早觉悟，立下决心，奋起团结，一致对外，为国家谋生存，为军人全名誉，慎勿令马占山将军，专美于前也。北望旗麾，挥泪电告，务希鉴察。江苏省国难救济会：马良、冯嘉锡、赵凤昌、韩国钧、黄以霖、姚文枬、王清穆、沈恩孚、唐文治、张一麐、马士杰、董康、庄蕴宽、李根源、徐鼎康、秦锡田、沈惟贤、黄庆澜、穆湘玥、陆规亮、朱绍文、贾丰臻、袁希洛等同叩。

（二）南京国民政府特种外交委员会外交部钧鉴：改组期间，国难加剧，国人忍泪，引领新猷，乃日寇大举进逼，锦军纷纷撤退，抵抗之实未见，应付之计未闻，犹忆东省初陷，国人对于部长赴日，群滋疑虑，前政府并有责言，曾经部长两度声明经过，谓东游正为图救东省，今新政府代兴，自应有挽救方针，以杜口实，否则自甘暴弃，政府对于国民，应负重大责任，当此国势阽危，民心惶惑，究竟国防如何配备，外交如何抗争，图救东省，其道何由，应请确定大计，宣示国人，以安民望。江苏省国难救济会：马良、冯嘉锡、赵凤昌、韩国钧、黄以霖、姚文枬、王清穆、沈恩孚、唐文治、张一麐、马士杰、董康、庄蕴宽、李根源、徐鼎康、秦锡田、沈惟贤、黄庆澜、穆湘玥、陆规亮、朱绍文、贾丰臻、袁希洛等同叩。（1932 年 1 月 1 日《申报》）

按：1931 年 9 月 18 日日本驻中国东北地区的关东军突然袭击沈阳，这就是“九一八事变”。“九一八事变”后，全国掀起了抗日救亡运动的浪潮。1931 年 12 月 3 日由韩国钧、黄炎培、马士杰等人发起组织江苏省国难救济会，发表了宣言：“寇深矣，祸亟矣，国民披发缨冠，剑及屦及，以赴国难，义无可辞矣，……天下兴亡，匹夫匹妇，皆与有责，同人等爰就江苏发起本会，非限一隅，请自隗始。国难弥平之日，即本会解散之时，人同此心，心同此理，愿我在苏民众，无老无少，无男无女，一致参加，共图救济。”

关于锦州事件：1931年“九一八事变”后，日本侵略军向辽西锦州地区进犯，国民党政府于11月25日向当时的“国际联盟”提议划锦州为“中立区”，由美国、英国、法国、意大利等国派军驻扎。这一丧权辱国的建议，激起全国人民及海外华人的愤怒和反对。12月下旬日军继续进犯锦州，1932年1月2日，国民政府命令张学良守住锦州，但张学良选择把驻军全部撤至山海关内，使关外领土全部沦陷。正是在锦州告急的形势下，江苏国难救济会给东北各军将领发电，呼吁他们立下决心，为国家谋生存，为军全名誉。

1932年（民国二十一年），先生67岁。

1月7日，江苏国难救济会联署通电全国，反对外交妥洽，先生参加联署。电文如下：

全国国民及各公团公鉴：顷电国民政府文曰，暴日违背撤兵诺言，进迫不已，张学良擅自撤防，锦州不守，日军已薄山海关，传闻政府与日本间密使往来，进行妥洽。如有损害领土主权，及妨碍行政完整之文约，我国民誓不承认等语，事机危迫，应请一致主张。江苏省国难救济会：马良、冯嘉锡、韩国钧、黄以霖、姚文枬、王清穆、沈恩孚、唐文治、马士杰、张一麐、董康、庄蕴宽、李根源、徐鼎康、秦锡田、沈惟贤、黄庆澜、陆规亮、穆湘玥、黄炎培、贾丰臻、袁希洛、朱绍文、江恒源、单毓华、瞿钺等叩。（1932年1月7日《申报》）

1月21日，先生与韩国钧赴高邮，商讨运堤修复问题。

2月7日，江苏省国难救济会联署发表宣言，先生名列其中。全文如下：

全国父老兄弟，诸姑姊妹公鉴：日人芥拾我东三省，意犹未厌，复以盛气，凭陵上海，当局不惜贬损国格，遏抑民心，以求幸免，乃屈服之条件甫签，而威胁之炮火即至，我十九路军忍无可忍，奋起自卫，大挫日军，是彼以趾高气扬而不固，我以操心虑患而能存，理有固然，并非幸致，此为骄兵必败，哀兵必胜之定理，所望怯于公战之当局，憬然觉悟者一也。……引为得道多助，失道寡助之定律，所望拥兵自卫之军人，憬然觉悟者二也。……此为能自助而后能互助，有代价而后能成功之定律，所望信赖国联之人士，憬然觉悟者三也。……引为合则势坚，分则力散之定律，所望国内各党派，憬然觉悟者四也。

本会同人，依此意旨，决定办法，昭告国人，切实执行，如次列：甲，武装抵抗……；乙，经济绝交……；丙，节费输饷……；丁，认清敌人……。右述办法，敬希全国父老兄弟，诸姑姊妹，互相昭勉，一致进行，以救国难，国家幸甚，国民幸甚。

江苏省国难救济会：马良、唐文治、赵凤昌、张一麐、沈恩孚、庄蕴宽、董康、黄炎培、穆湘玥、李根源、黄庆澜、徐鼎康、许鼎年、马士杰、袁希洛、蔡璜、单毓华、赵叔雍、张福增、江恒源等。（1932 年 2 月 7 日《申报》）

3 月 21 日，先生陪同省有关官员视察高邮运堤工地。

4 月 28 日，江苏省战区救济会举行成立大会，先生作为救济会委员参加会议。

1932 年 5 月 4 日《申报》报道：苏省以抗日军兴，宝山、太仓、嘉定等县沦于战区地方，惨受浩劫，人民死伤流离；附近战区各县间接所受军事之损失，亦至重大。政府亟应设法救济，但库空如洗，经济能力薄弱，目前救济与将来善后及复兴等问题，必须集全省财力人力，始克有济，因特组织战区救济委员会，以期广集众长，筹备经月，聘定委员，于四月二十八日在省府举行成立大会。出席会议委员有韩国钧、马隽卿、王叔相、江问渔等九十七人。

5 月 9 日，先生与韩国钧等人至高邮视察挡军楼工程。

1932 年，马士杰先生陪同视察高邮运堤工地并合影

6 月 11 日，应韩国钧所请，先生赴上海商国府水灾会拨款，往返三次，由上海史量才力商宋子文部长，最终宋子文拨发 20 万元。（《止叟年谱》记）

1932 年 6 月 22 日《申报》报道：韩国钧与先生一起发电给国府救济会工赈处席处长，请拨运河工费。电文如下：

量才先生转国府救济会工赈处席处长鉴：上年运堤溃决，大小二十余口，长九百丈，预计工费四百五十万元，因筹款为难，缩减为三百二十万元，又加添西堤碎石二十四万元，共计三百四十四万元。……现在全部工程将成十分之八，仍缺口五十五万余元，停工以待，值此水涨工危，大局至堪焦虑，……现在江北十县人民，自上年惨遭水劫，不死于漂流，而死于饿殍者，何可数计，近数月来，于呻吟憔悴中，勉可安心农作，无非因堵修，运堤工段可望指日完成，务盼陈明贵会，即日将中央协款，迅予拨交省府，转发工次，以免停工待款，发生危险，除函黄任之、江问渔、朱德轩三先生就近面达一切外，谨此电陈，惟希垂察。江北淮堤水灾善后协会，常务委员会韩国钧、马士杰。

7月11日，先生致函韩国钧，提出对运河工程拨款建议。信函如下：

止老道鉴：别后返邮，倏将旬日。二马桥对岸堤身估填河土一案，地方属望綦切，弟前日已同伯纯递呈节略，请求发款速办。高开洋积土亦由临城朱主任督促上紧办理，款由东堤事务所派员来扬领款照发。伏汛已届，均须及时赶办，不容迁延，以免贻误，务乞察核，提前照发，是所感盼。高宝下游主任，此间人士意见鉴于上年之祸，多主张以与地方有关系之人较有责任，我公晤锡老时，海涛诚人地相宜，然弟固知其责备所在，雅不愿为之推毂，应请由锡老妥酌独断可也。专此，敬颂台安。锡老处乞致意。弟疆恕拜上，七月十一日。（引自《韩国钧朋僚函札史实选编》）

7月16日，验收运工委员会一行八人莅邮，住在先生家。

1932年7月21日《申报》报道：江北运堤，现已修筑完竣，苏省府特组织验收运工委员会，该会委员八人，特偕同韩紫石，于昨（十六日）下午七时莅邮，寓马隽卿宅。今晨各委已赴运河上游清江一带验收，俟上游工程验收事后，再验收运河下游工程。

9月，荣宗敬夫妇六十双寿，先生作诗祝贺。全诗如下：

慷慨同仇日，欢呼介寿来。是翁真健者，偕老亦贤哉。
火树银花合，琼筵玳席开。鹤寿添海算，鹊蹿逗溪梅。
颂并朱英作，春从绿草回。觥飞酬此际，铙奏镇相催。

书带郑公里，弦歌梁孝台。玄算知诗启，白雪愧非才。

秦邮马士杰未是草

注：荣宗敬（1873—1938），名宗锦，字宗敬，江苏省无锡荣巷人。荣德生之兄，中华人民共和国原国家副主席荣毅仁之伯父，中国近代著名的民族资本家。早年经营过钱庄业，从1901年起，与荣德生等人先后在无锡、上海、汉口、济南等地创办保兴面粉厂，福新面粉公司（一、二、三厂），申新纺织厂（一至九厂），被誉为中国的“面粉大王”“棉纱大王”。

是年，先生在高邮城南开设“天福泉”浴室。

《高邮文史资料》第四辑《高邮浴室业的变迁》一文记载：高邮士绅马士杰，觉察城南粮商云集，市场繁荣，于1931年大水后，在南城内兴建一所浴室，名为“天福泉”，租给姚长发经营，内设九个堂口，称“平等、自由、博爱、共和、逍遥”等厅，有堂位二百多座，可谓当时高邮最大最时髦的浴室，基本上垄断了城南的洗澡业务。

1933年（民国二十二年），先生68岁。

2月28日，先生与韩国钧在扬州召开泰源盐垦公司董事会。

5月8日，先生为高邮请减附捐，获省府批准。

1933年5月8日《申报》高邮讯：本县士绅马士杰等，鉴于吾邮农村破产，田亩附捐奇重，为解除人民痛苦起见，前特联名分呈省府、财厅，请求削减附税，以纾民困等情，现马等已奉到批令："查所陈附税过重，语颇中肯，本府已洞悉其弊，故二十二年度地方预算，提省整理，统筹支配之议决案，用意止复相同，据呈前情，候令饬该县长，尅日召集地方财政会议，按照所陈各节，详细讨论，重行编成预算草案，送府核办，具呈人等亦应列席会议，为地方财政统筹支配方法可也。此批。"

1933年5月17日《申报》高邮讯：本县田亩附捐，原为二角八分五厘，邑绅马士杰等，以年来农村破产，为减轻农民负担起见，特呈省厅削减，经省令县召开财政会议，业经议决，每亩减去一角三分二厘。昨县府又奉省令，每亩征收清丈捐一角，并在印串上加盖戳记。闻县府将开会讨论。

按：清丈，就是详细丈量土地。清丈捐，就是为丈量土地而要交的附加费。民国初年的赋册，沿用明清时代的"鱼鳞册"，分漕田、盐田、沙田三大类 17 个等则。田赋按类、等则区别征收。自民国二十年（1931 年），除田赋正税外，各种附加税税种屡有增加，附税杂捐名目繁多，征额超过正税有数倍、十数倍乃至数十倍者，而清丈捐就是其中的一种。

1934年（民国二十三年），先生69岁。

9月9日，先生与韩国钧去东台安丰，商量泰源盐垦公司有关事项。

9月23日，先生与韩国钧先生去汤山温泉沐浴。

10月26日，苏绅为省公债事通电省府，先生参加电文联署。

1934年10月27日《申报》报道：江苏省政府发行省公债二千万元，大部分规定用于江南北水利建设，关系于苏省民生至钜，苏绅对此事极为重视。昨由韩国钧、张一麐等联袂电府，请求公布存储及保管办法。电文如下：

吾苏为农产省，十年中运河两溢，本年旱灾，统计损失甚巨，全由水利失修，衡之各邑收成，确有实验，今省府决然募集公债二千万元，公布用途首疏治江南各河，开辟江北新运河，及挑浚废黄河入海工程，硕画宏谋，全为避免江南旱灾及增加江北生产，积极迈进，毅力可钦。筹集良难，凡我苏民，身当痛苦，必自群策群力，渴冀有成。同人之患，以为政府既艰难集款于先，必自谨慎用款于后，所有专款存储，严格保管诸要点，深信诸公智珠在握，早定办法，拟请明白宣布，则不惟实惠及于民生，抑且大信昭于宇内，因一次之募债，而使保管与支用，从今有成轨之遵循，使政府与人民，彼此见相关之休戚，胥为诸公是赖，联袂电陈，激切待命。

韩国钧、张一麐、张一鹏、庞树森、黄炎培、赵正平、陈陶遗、杨寿楣、钱以振、金其堡、冷遹、陆锡庚、严敦和、马士杰、江恒源、张孝若、徐肇钧、苏宗辙、刘伯昌、罗会庄、吴培钧、王宝槐、季龙图、朱绍文全叩。

11 月 6 日，先生与黄炎培、赵竹君、李耆卿、江问渔等在上海惜阴堂聚会祝寿。

黄炎培作《集赵惜阴堂公祝》一诗。诗前小序写道："赵竹君（凤昌）八十，马隽卿（士杰）七十，李耆卿（锡纯）六十，江问渔（恒源）五十，集赵惜阴堂公祝。"全诗如下：

惜阴清閟隐人海，真灵相业山中在。
溯从庚子讫辛亥，兴亡梦觉惊风采。
皤皤一老秦亭来，盛年珥笔游蓬台。
大堤鄣水沟江淮，长髯风雪日往回。
邺侯早隐有仙骨，善藏民富用不竭。
佛号声中呵豕突，善气萦结未华发。
古传三寿宜作朋，八七六十如塔层。
就中江令最年少，郤因读易寡过能。
白门柳换梁园雪，摩顶匪恤余鬅鬙。
淞波一翦秋如画，卅年陈绩付清话。
有献于国倘已多，有锡自天不须介。
相看九五白眉翁，此正壮年日月迈。
嗟哉东北多封狼，荒荒山川阻且长。
诸公若定指挥策，人庆无疆国有疆。

注：惜阴堂，现在上海南阳路 154 号，民国时曾是上海地方绅、商、学界聚谈议论的重要据点之一。1911 年 12 月 25 日，

孙中山自海外回国，抵达上海，次日会见各省代表，征询意见，此后又多次前往就“统一建国诸要端”商议，地点就在惜阴堂。1912年1月中旬，南北双方在惜阴堂达成清帝退位、拥护袁世凯大总统的密约。随后，在赵凤昌、张謇等人的筹划下，又在惜阴堂拟定了清帝退位诏书，至此，和平统一、创立民国的大局已定。(《解放日报》2012年2月13日载《惜阴堂的前世今生》)

赵凤昌（1856—1938），字竹君，晚号惜阴老人，常州武进人，是清末民初政坛上十分活跃、很有影响的立宪派代表人物，早年以佐幕湖广总督张之洞而闻名，在东南互保、立宪运动、辛亥革命中皆起到了关键作用。

李锡纯（1875—1950），字耆卿，祖籍丹徒，曾任江苏省银行行长、省财政厅厅长。

江恒源（1885—1961），字问渔，江苏灌南人，职业教育家，曾任中华职业教育社副理事长，中华职业学校校长，中国民主同盟中央执行委员，政协一届全体会议代表，第二、三届委员。

11月，先生写悼史量才挽联。

按：1934年11月13日，史量才因支持抗日民主运动，被蒋介石军统特务暗杀于沪杭路上。先生闻讯后，悲愤不能自已，老泪纵横，伏案疾书悼史量才挽联：“造化几难知，最伤心大局艰危，苏人又弱一个；精神终不死，且痛哭万恶社会，先生自有千秋”。

11月14、15日，江北运河工程召开评议会，先生参加会议。

1934年11月15日《申报》报道：江北运河工程局自恢复设立于扬州后，徐局长认为所属里运中运之徐、淮、扬各属，前所组织的评议会，若不随同恢复，恐不足以收集思广益之效，于是呈请省府继续聘任各该县中熟习水利之绅耆，定期开会讨论以资改进，当经省令批准在案。兹定于本月十四、十五两日为会议日期，截至十三日计莅会报到者有江都周毅人、泰县韩国钧、高邮马士杰……于十四日下午二时举行开幕式及茶话会，十五日由早到晚为会议时期，除由工河局编订各项计划书计十二项，及报告过去一切工程情况，暨各项经费实在领支概算外，其提案中已交会者。……

11月16日，先生与韩国钧、徐鼎康联合发唁电，悼念史量才先生。

1934年11月16日《申报》扬州韩国钧等电：上海申报馆史咏赓世兄鉴：昨闻令尊噩耗，痛悼殊深，尚望顺变节哀，勉襄大事，特电奉唁。韩国钧、马士杰、徐鼎康叩。

11月22日，先生参加高邮导淮协进会执委会议，被推为常务。

1934年11月23日《时事新报》报道：本县征工导淮协进会，刻已组织成立，昨在款产处召开首次执委会议，出席执委马隽卿、王蕴之等，主席张廷杰，讨论事项：1. 推马隽卿、孙石君、王蕴之、张廷杰、董仲薪五人为常务。2. 职务分总务、财务、调查、宣传四股，由各执委相互担任。3. 由财务股收取会费。4. 推刘瑞芝、高希程二委员拟定办事细则。5. 推孙石君去涟水实地调查土质。6. 建议县府，对于出工标准加以修正，以轻负担。议毕散会。

11月25日，先生在扬州参加泰源盐垦公司股东会议。

12月5日，先生陪同韩国钧游览淮安。

1934年12月7日《申报》载《韩国钧等游览淮安》：苏绅韩紫石五日晨偕高邮马隽卿父子及兴化顾子方等往淮安游览，午后返浦，参加淮扬八属县长导淮会议，并派马叔昂赴洪湖大堤视察，以供导淮工程参考。

1935年（民国二十四年），先生70岁。

1月，先生与韩国钧关于西堤改建石工的建议被省府采纳。

1935年1月12日《时事新报》报道：苏省耆绅韩国钧、马士杰等，于去年视察导淮入海工程，曾便道视察南运西堤，盖以该堤为拦洪重要工事，河西为大湖罗布之区，如洪泽、宝应、高邮等湖，一遇大水之年，堤防即有破裂之虞，东岸之宝应、高邮、邵伯，地势洼下，与湖面齐高，故此一线长堤，关系民命至巨。当视察时，认为坍卸过多，有改建石堤必要，特由韩氏与省府陈主席磋商，当经令由运河工程局长徐鼎康设计，徐即拟具计划呈省，谓该堤自邵伯至淮阴，计长三百七十余里，工资材料需款三十万元，现已经省厅核准，惟以经费问题尚在筹措中，俟经费有着，即行兴工改建云。

3月6日，先生与地方士绅联电上海有关救济会，陈述灾情，请求赈济。

1935年3月8日《申报》报道：江都八九灾赈，迭经当局及地方士绅，函电呼吁救济，并推代表王绍鹤、朱干臣等赴沪，代表灾民呼吁。现地方士绅马士杰、卢殿虎等二十六人，以该区灾民达二十万人以上，近以饥饿自杀者，日有所闻，特于今（六日）联电上海苏省旱灾查放主任张兰坪、筹募旱灾义赈会、世界红十字会、中国救生会，陈述灾况，请以恻隐为怀，不分界域，广沛仁浆，多救人命。

按：据扬州志书记载，1935 年为大旱之年，扬州地区苦旱无雨，农作物悉数干枯，赤地千里，灾情严重的如仪征、江都等大部分土地颗粒无收，江都西北、西南两乡受灾最为严重，灾约十万余口。

4 月 1 日，先生与高邮士绅等发起成立旱灾急赈会。

1935 年 4 月 3 日《时事新报》报道《组旱灾急赈会》：本县湖西七区曹家桥一带，去岁旱灾奇重，近来灾民磨树皮掘青草充饥，情形已志本报。兹者本县县长曹伯权，特会同商会主席王鸿藻，党部常委陈家骧，暨邑绅马士杰、董仲薪、王尽臣、吴会育、姚绍征、曹宪章等发起组织湖西旱灾急赈委员会，以资救济，并定明日（四月一日）下午三时假款产处开会讨论一切。

4 月 6 日，先生与夏宗彝、徐曦伯等去海安，为韩国钧先生祝 79 岁寿辰。

《止叟年谱》载：“夏徐二君皆年逾八十，马亦过七十，老友远道，不得不尽一日之欢。”

注：夏宗彝（1851—1943），名鼎，一名日光，字宗彝，幼承家教，通儒精医，17 岁为地方献保城之策，27 岁舍身救父控贪官，敢说敢为，豪放不羁，是一个铁骨铮铮的汉子，加之中年以后颔下一缕银须，被韩国钧称为“长须铁汉”。

徐曦伯，曾在东南大学、安徽省立二师国学研究部任教。

7 月 23 日，上海筹募各省旱灾义赈会在《申报》刊登鸣谢广告，列出捐款单位和个人名单，先生捐款 20 元，名列其中。

8 月 9 日，省府开会，推荐韩国钧、张云博与先生同赴财政部，请孔（祥熙）部长筹拨赈款。

注：张一鹏（1873—1944），字云博，江苏省苏州府吴县人。

1917 年 8 月，任江西省财政厅厅长。同年 12 月，升任北洋政府的署理司法部次长。1927 年 3 月，国民革命军在苏州成立吴县临时行政委员会，张一鹏任主席兼民政局长。同年 6 月辞职。此后他在上海开业律师。1943 年 12 月任汪精卫伪政权司法行政部长。翌年 7 月 14 日，因在视察监狱时感染斑疹伤寒而去世。享年 72 岁。

8 月，先生受高邮县防黄会推派，去淮阴面谒徐鼎康处长，争取增加工程补贴。

1935 年 8 月 20 日《申报》高邮讯：本县县府，迭奉沿运防汛办事处及省府训令，催办征工积土，本县防黄会，前特推派代表马隽卿、王鸿藻、丁逢年三人，前往淮阴面谒徐处长鼎康，陈述征工积土困难情形，当得徐处长允令曹县长，酌量地方情形办理，该处复令县府，每公方酌贴茶水费四分，用船装运者，津贴八分，已于日前开工。

10 月 15 日，先生参加导淮工程会议，被推拟定请愿呈文。

1935 年 10 月 17 日《申报》报道《促成导淮工程之重要会议》：苏绅韩紫石、冷御秋，鉴于黄水下注，苏省灾情日见扩大，大若不速成导淮工程，则宣泄仅恃六塘河，万难分散浸渐，势必波及里运。如果到此地步，则江北全部有陆沉之虞，而导淮工程，原非江苏省问题。惟在苏言苏，亟应呼吁省府暨中央迅予拨款，完成导淮工程，爰于前日下午在镇江商会，邀集江南北各县地方领袖，共同商讨，出席者韩紫石、冷御秋、张云博、庞甸材等二十余人，议决：1. 由全省各县地方领袖，联合组织保苏御黄促进会。2. 推定韩紫石为理事长，张仲仁、冷御秋副之，理事无定额。3. 推庞甸材起草章程。4. 南京上海暨徐淮海各属有关各县，均设通信处，以期遇事接洽。5. 推定马隽卿、江问渔拟定请愿呈文，并推韩紫石、张仲仁、张云博等，晋京省请愿，务期中央迅行拨给巨款，以促省府赶速完成导淮工程，一面起草宣言，俾苏民有深切之注意，作大规模之运动。

10 月，先生与韩国钧、张云桢，为救济苏北灾区导流入海问题，进京请愿。

1935 年 10 月 17 日《申报》镇江讯：苏耆绅韩国钧、马隽卿、张云博等为救济苏北灾区导流入海问题，晋京请愿，并拟面陈蒋委员长，请求中央筹拨现款一千万元，以六百万办理工振，促成导淮工程，以四百万举办灾重各县春振（赈）。

1936年（民国二十五年），先生71岁。

3月，先生与高邮有关人士联名电呈苏财厅长兼农民银行经理，请求在邮设立分行，以资救济。

1936年3月7日《申报》高邮讯：本县县党部常委丁逢年，禁烟委员会常务主席王邦屏，商会主席王鸿藻，农会干事长吴曾有，及士绅马隽卿、董仲薪等，鉴于本县自民国二十年决口后，农村破产，农村经济衰落，达于极点，江苏省农民银行，在各县镇均设有分行，救济农村，本县独付阙如，迭经呼吁，迄未实现，际此春荒，农民贷本，需款孔殷，顷特联名电呈苏财厅长兼省农民银行经理赵棣华，请即在邮设立分行，以资救济。

注：江苏省农民银行，创立于1928年，资本初为120万元，至1935年增为400万元，总行设在镇江。营业方针：以发展本省农业为宗旨，与江苏银行侧重工商业分工合作。抗日战争期间，总行随江苏省政府西迁，抗战胜利后，总行及各地固有之运行次第复业。

3月19日，先生与有关同仁发起赞助韩国钧付印生平著作，作为韩老八十大寿贺礼。

按：1936年3月26日（农历三月初四）为韩国钧八十寿辰，同仁们准备为其祝寿，而韩老以天灾困难坚决辞谢。考虑到韩老年高德重，平日待刊之书甚多，所编海陵丛刻亦正待款续印，于是马士杰与有关同仁拟借此八十寿辰机会，不送一切礼物，不制送屏对，而将拟制屏对之现金储备刊印韩老生平著作及续印海陵丛刻之用。为此连续多天在《申报》上发出公告，说明缘由，请赞同者酌致现金汇至扬州中国银行，专款存储。

3月，先生赞助韩国钧印书费90元。

1936年7月8日《申报》发《扬州中国银行为代收韩紫老印书费现金启事》，先生名列其中，标明赞助90元。

9月8日，先生致函韩国钧，告之泰源盐垦公司灾情，附寄诗词六首。内容如下：

止老赐鉴：前日奉手示，读悉。拙作勉强报命，何足言诗？遵照来笺另缮呈上，乞察入。秋雨连绵，低下田地水无所出，泰源所受影响尤重，棉花仅有二三成希望。天灾如此，无可奈何。昨驹儿回，谈及丁向公司押款一节，此事直无理性可言，惟今日遭兹时局，际此人心，已属驹儿就可能范围中酌予少数通融。至将来责任问题，弟与我公共同担负可也。国难紧张，民选孔亟，东邻侵掠，为之奈何？手复。敬颂崇安。书不尽言。附诗笺一件。弟疆恕拜上，九月八日。

海安赠止老

惆怅瞻园去后身，唯公老健尚无伦。
铅黄校字书成帙，缣素挥毫笔有神。
远寺钟声催入静，小房花气满阳春。
东山已负苍生望，佛学宏施救济人。

息园小住即事五首，并呈止老

记曾把卷百花前，今日重来又一年。

隔院钟声随落叶，绕溪渔子度寒烟。
沧桑有劫都成梦，洪水无情尚占用。
何日金堤牢筑版，共谈时事倍怆然。

年来霜鬓几经秋，黄叶园林客倚楼。
松菊傲人都犹偃，蹇琴樽我且勾留。
乐天岁月消铅椠，世事风涛共漏舟。
最是主人能爱客，旅居安适暂无忧。

夜来犹听雨涓涓，晓起凭栏宿雾前。
古寺寒鸦栖树稳，柳阴渔艇拥篷眠。
颇闻泛滥伤花岛，剩有青葱满菜田。
是处尚嗟秋稼薄，每怀乡思百忧先。

芦花萧飒影千条，海气苍茫正晚潮。
直北田畴无地面，极东烽火岂天骄。
树因水蚀横当路，舟为波平过碍桥。
小步园中间怅望，前溪木叶落萧萧。

夕阳西下火初明，徙倚阑干百感生。
老树倾斜犹作态，野花杂遝不知名。
新炊屋矮烟都直，近岸舟行水有声。
酒后纵谈畴昔事，平生心迹喜双清。

（载《韩国钧朋僚函札史料选编》）

1937 年（民国二十六年），先生 72 岁。

先生寓居高邮南甘垛。

7 月 7 日，卢沟桥事变发生，抗日战争全面爆发。8 月 13 日，日军入侵上海。12 月，南京沦陷。为避战火，先生率部分家庭成员寓居高邮南甘垛。

南甘垛离高邮县城 50 多华里，是一个大庄子。有饼面店、豆腐店、理发店、杂货店、磨坊、茶馆、烟馆、浴室等 20 家店铺，比一般小集镇还热闹。先生一家分住几户人家。先生与次子家骧住在杨国兴家。

据杨国兴先生回忆："我家人口少，房子多，前有天井，后有小院，且很僻静。马老和他次子家骧（字仲云）都喜安静，所以选定我家住下。""三子家驹（字叔昂），性倜傥，喜交流，住在大庙附近的陈家，几乎天天都来向马先生请安或通报时局发展情况。还有一位七姑娘（马淑宜），给人印象很深，她沉静、干练，喜爱文学，虽因切除血管瘤，体质尚在恢复中，但家务事仍由她指挥安排。""马老是前清举人，我们一律随他的家人叫'老太爷'。马老生活很有规律，近乎'日出而作，日落而息'，所以他年虽古稀，但精神矍铄，器宇轩昂，站如松，坐如钟，给人一种威严感。马老为人很通达，记得过春节时，他就亲自写过'知足常乐，随遇而安'这样的对联。""家骧先生性文静，看书之余，喜绘芦雁、梅竹。在那国难当头之时，可以说是他坚贞品格的写照。家骧先生的年龄和我父亲的年龄相仿，性格也有相似之处，不久即结为干亲家，我因此吃了马家七八年灶饭，直至1947年为止”。（《高邮文史资料》第二辑）

1938 年（民国二十七年），先生 73 岁。

8 月 17 日，韩国钧乘轮船经三垛，与先生会晤。

按：据现有史料记载，韩国钧是最后一次来高邮，韩老是年 82 岁，4 年后去世。

12 月，黄河决口未塞，苏北九县灾象已成，先生与韩国钧、王宝槐等人联名电陈国民政府暨行政院，请求设法挽救，迅筹堵口。

1939 年 1 月 2 日《申报》报道：江苏下河各县，因黄河夺淮南下，假道洪泽，高宝诸湖，穿运河东堤，下漫高邮、兴化、泰县、盐城、东台、阜宁、淮安、宝应、江都等县，迂回入海，运东膏腴之地，顿成泽国，霜降以后，黄水一再续涨，不待明春，最低各县，将续演水漫泗州之惨剧。各县公私团体，经纷电中央及省府，呼吁设法挽救。

顷电呈国民政府暨行政院文：黄河花园口赵口溃决以来，夺淮入苏，其水直趋洪泽，东灌高宝，又穿运河而东，注入下河，来源极旺，排宣不及，淮扬九县，顿成泽国，受水面积，宽广数万里，平地水深寻丈，霜降以后，水势弥漫，非但不退，且又增加，前所未有，冬令如此，明年三汛，何堪设想，归海各港，本为淮水去路，今更加以万里黄河之水，万难承受，又兼海潮顶托，泄量愈少，照此情形，麦已愆期，稻将无望，根本之计，势非断绝来源，不足弥浩劫，而澹沉灾，恳请简派大员迅筹堵口，倘因时局关系，或有窒碍，并乞查照前电，商请国际工程团，借箸筹画，早日施工，以慰苏北人民之望，迫切电陈，屏营待命。前曾电致郑伯权先生，迄未得复，敬请一致呼吁，以救苏北，并希电复。韩国钧、王宝槐、马士杰、夏寅官、石鸣镛、陈伯盟、张延寿、鲍友恪、包燧、田毓璠叩。

1939 年（民国二十八年），先生 74 岁。

1 月 28 日，江苏省疏浚里下河入海水道工程委员会在东台县召开第一次常会，先生作为该委员会委员，在会上提出“分疏出海各口积极救灾方案”。

1939 年 2 月 5 日《申报》报道：江苏省疏浚里下河入海水道工程委员会，于一月二十八日下午二时在东台县召集第一次会议，到主任委员韩紫石、副主任委员兼运工局长沈豹君、武露峰，建设厅主任秘书徐嘉谟，暨委员、县长、技师等五十余人，由韩紫石主席报告，兹将决议如下……次讨论各委员提议暨各工程专员请议案：1. 委员马隽卿提，分疏出海各口积极救灾方案……

年初，先生一家迁住东台盐垦区。

杨国兴在《马士杰先生寓居南甘垛事略》中写道：“过了一个多月，马老一家又迁居了，据说要搬到‘海下’，大约是现在的东台、大丰一带。临行前，我的父母请马老给我起个名字。我们这一辈是‘兴’字排行。马老深为祖国前途和人民命运担心，他不假思索，奋笔疾书‘杨国兴，家祯祥’六个字。我父亲一看，是根据‘四书’上‘国之将兴，必有祯祥，国之将亡，必有妖孽’句而起的。这里寄托了马老的希望和憎恶”。

先生的儿子在《忆父亲马士杰晚年生活》文中说：抗日战争

爆发后，为避乱世，我们于 1939 年随父亲到东台三汉河盐垦区住过大半年。记得当时垦区有两所小学，一所叫疆恕小学（是以我父亲的斋名来命名的），一所叫紫石小学（是以韩国钧的字来命名的），紫石小学距我们住处较近（约三华里），家骙就近读书，约半年时间。

8 月 28 日，先生在三垛的同泰昌杂货号被日军飞机炸毁。

《高邮文史资料》第 17 辑肖维琪文章《同泰昌杂货号》：民国 28 年（1939 年）八月廿八日中午，侵华日机轰炸三垛，一声巨响，竟使畸形繁华、雄踞一方的大宝号同泰昌顿成废墟。至此，具有 30 余年历史的同泰昌寿终正寝。

按：先生在三垛有多家产业，有同泰昌杂货号，有当典，还有土地出租。据高邮市公安局办公室原主任李天祥先生介绍，三垛有马士杰 360 亩耕地，正好形成一个圩口，所以那个地方叫三百六，人民公社化后就叫“三百六大队”。

1940年（民国二十九年），先生75岁。

先生寓居东台三汉河盐垦区。

1941年（民国三十年），先生76岁。

年初先生辗转到上海，住上海霞飞路（现淮海路）新康公寓，闭门家居，读书写诗自娱。拒绝“出山”当汉奸。

据先生儿子们回忆：“一天，忽然有人来我家，将我父亲逼请出去。当时我们都很惊慌，等到父亲回来，才知道是汉奸梁鸿志伙同日本人逼请父亲去赴宴，提出要父亲‘出山’当汉奸，并竭尽威胁利诱之能事。父亲当然不为所动，只是以年迈手抖为托辞。听父亲说，当时还拿纸笔书写，父亲故意抖颤，将纸上涂了一些墨团，终不能成字而罢。”

注：梁鸿志（1882—1946），福建福州人，中国近代政治人物。自幼诵读经史，为人狂傲，以东坡自许。抗战期间，投靠日本沦为汉奸，出任伪中华民国“维新政府”行政院长，破坏抗日战线，从事卖国活动。抗战胜利后，梁鸿志被国民政府以汉奸罪逮捕，1946年被处决。

1942 年（民国三十一年），先生 77 岁。

先生继续住在上海霞飞路新康公寓。

1943年（民国三十二年），先生78岁。

先生搬住到上海拉都路王宅（今襄阳南路）。汉奸殷汝耕派人请先生“出山”，被先生拒绝。

注：殷汝耕（1883—1947），浙江平阳人，中国近代政治人物。1909年曾加入同盟会，随黄兴参加辛亥革命。抗战期间，投靠日本，沦为汉奸，出任日本扶植的伪冀东防共自治政府主席，1943年4月，任汪伪国民政府经济委员会委员。抗战胜利后，被国民政府以汉奸罪逮捕，1947年12月1日被处决。

5月，先生与有关人士发起在《申报》刊登恭祝沈信卿先生八十大寿启事，遵照沈老意愿，将寿仪移充鸿英图书馆经费。

1943年5月11日《申报》载《恭祝沈信卿先生八十大寿启事》：六月一日为吴县沈信卿先生八秩寿辰，先生教育界耆宿，鲁国灵光，道德文章，当世泰斗，生平向不做寿，同人知之甚悉，惟以先生二十年致力于社会文化事业，鸿英图书馆经费竭蹶维持至今，尤见苦心。爰以先生之志为志，请以寿仪移充鸿英图书馆经费，先生乃首肯焉。用特发起公祝，为贯彻先生不做寿之主张，特定纪念办法如后：一不做寿，二不设筵，三参加公祝者寿仪，一律请用现金，以便完全捐助鸿英图书馆经费，藉宏先生愿力而为诸公造福，四先生墨宝为世所重，而求者不易得，生平尤绝对不写扇面，兹特请先生破例，写二十页，另联语百副，藉为纪念先生寿辰，公开展览于浦东同乡会，标价出售，所得售价亦俱充鸿英图书馆经费，凡景仰先生者，谅每同情焉。发起人：……马隽卿……

注：沈恩孚（1864—1944），字信卿，江苏吴县人，1894年甲午科举人，1913年主持江苏教育，1917年，与黄炎培等发起中华职业教育社，筹办南京河海工程专门学校，创办鸿英图书馆，其间，被选为上海市议会议长，殆逾十年，1937年抗日战争全面爆发，以病留沪，1944年病逝于上海。

6月18日，《申报》公布移充鸿英图书馆经费的寿仪名单金额，总计98775元，先生100元。

注：据1943年12月12日《申报》介绍：鸿英图书馆是一种辅助教育的社会文化事业，在我国，图书馆发展史还不上百年。鸿英图书馆的前身是人文图书馆，是甲子社。性质稍偏重于现代历史经济，当初由沈信卿、黄伯雨、马隽卿、张一麐、张君迈等诸先生，秉服务人群之旨而发起。当时的经费来源，都出于热心于此事业者，如周静涵、钱新之、穆藕初、胡笔江、王儒党、周作民、张公权、刘鸿生、严裕棠等诸先生的维护，或任常年经费，或临时捐助。到了民国二十年，商界巨子叶鸿英先生来馆参观，深为许可，慨助基金，遂改今名。自此馆中经费状况，可称安定。

1944 年（民国三十三年），先生 79 岁。

先生仍居住在上海拉都路王宅。

1945年（民国三十四年），先生80岁。

年初，先生从上海返回高邮，闭门家居。

注：是年，12月19日，新四军对驻邮日伪军发起攻击，至12月26日凌晨，日军投降。高邮战役是对日作战最后一役，高邮第一次解放。

1946 年（民国三十五年），先生 81 岁。

先生向政府水利部门介绍运河防汛和治理问题，配合政府土地改革，主动上交田契等物。

据先生子女回忆：1946 年春天，苏皖边区政府的水利部门曾派干部来高邮，由高邮县人民政府的人员陪同来找父亲，咨询有关治理运河防汛等事宜，父亲很高兴地和他们交谈。中午，留他们吃了便饭，下午继续交谈，还拿出他亲手绘制的运河地图，比画讲解，说明各处水系，坝闸要害部位，注意事项等，尽情而散。

据周尔鎏所著《我的七爸周恩来》记述："马隽老积极配合当地人民政府，由政府安排坐着人力车前往高邮县中的礼堂办理土改手续，当时我作为外孙跟随他前往，老先生上交了田契等物，我看到政府的干部对他很客气，还派专人送他回家。"

注：周尔鎏，1929 年出生于上海，毕业于天津南开大学，曾任中联部、对外文委（文化部）司局长，北京大学副校长，中华人民共和国驻英国文化参赞等职。

周尔鎏父亲周恩霔，是周恩来总理的堂弟。周恩霔与前妻蔡庆荣育有一子即周尔鎏。后蔡庆荣辞世，周恩霔与马士杰九女儿马顺宜结婚。1944 年秋，周尔鎏从上海南洋模范中学初中毕业后，来到高邮马士杰家，与先前到达当地的祖母、继母、弟弟、妹妹相聚。后在高邮中学念高一，至 1946 年 4—5 月间周尔鎏离开高邮去上海。

周恩来写信给惠浴宇，要求当地政府按照开明士绅政策对待马士杰先生及其家庭。

据先生儿子们回忆："1946 年夏季，周恩来同志从南京派人给苏北二分区惠浴宇同志写了一封信，内容主要是要当地人民政府，按照开明士绅的政策对待父亲和我们的家庭。信中还提到黄炎培在南京和上海曾多次找到中共代表团，对高邮马隽老十分关心。"

周尔鎏在《我的七爸周恩来》中写道："早在 1946 年于上海周将军公馆内单独接见我之际，七爸就要求我详细汇报马先生不顾自身安危而自愿留在苏北解放区的诸般情况。他还应黄炎培先生的多次请求，从南京交给来访的马顺宜信件，托转苏北二分区的惠浴宇，要求当地人民政府按照对待开明士绅的政策来关心照顾马老本人及家庭。"

汪良同志在《抗日战争和解放战争中高邮革命斗争的回顾》一文中说："从刘培善同志到高邮传达党的第七次代表大会的精神开始，全县按'五四土改'的指示精神开展轰轰烈烈的土改运动。具体做法是发动群众开展诉苦运动、清算斗争、丈量和分田，接着开展保田运动四个阶段。广大贫雇农积极拥护土改政策，在烧田契时，烧掉了千百年来的封建剥削，分得了土地，积极起来保卫已得的胜利果实。土改中涌现了大批积极分子，发展了大批党员，运动搞得轰轰烈烈。也由于采取中间不动，两头平，保护了中农利益，运动发展是健康的。问题是土改复查，地委派了大批干部在高邮城周围几十个小乡帮助工作，强调拉平，触犯到中农。对一些开明人士，甚至一些长期与我合作抗日的也进行了斗争。城市在工商业兼营土地的也发动清算斗争，没收他们的工厂、商店。最突出的是对马士杰的斗争。马士杰虽然是地主家庭，但是在运河线是有声望的人士，对导淮问题有过贡献。我们采取了过火行动，发动武安乡的农民进住马家，马交出了全部田契后，又强迫马交出导淮图。这种过火斗争，遭到了周恩来同志的严厉批评，周恩来同志写信给惠浴宇同志，要劝说农民不要进行这种过火斗争，否则对京沪线一带的民主人士将会产生不好的影响，并且说，如有为难之处，可以找李主席（一氓）、张司令（鼎臣）。惠浴宇同志接信后，并没有批评下面干部，而是向基层干部讲明政策，要下面同志自己去纠正。”（此文写于1984年11月，现存在高邮市公安局档案馆。）

注：汪良（1921—1989），江苏吴县人，1939年加入中国共产党，1943年任高邮县委敌工部副部长，后打入高邮城敌军内部，搜集情报，绘制日伪军布防图，为新四军1945年12月攻打高邮城作出了重大贡献。1946年任高邮县委常委、公安局局长，后任扬州行政区首任公安局局长，江苏省公安厅副厅长。

惠浴宇（1909—1989），江苏省原省长，原中共中央顾问委员会委员。1946年惠浴宇担任苏中军区政治部副主任，华中二地委书记兼分区政委。

先生在病中自拟挽联，订立家训。

《忆父亲马士杰晚年生活》记述：“病中父亲曾自拟挽联三副，后来由家骙抄录缮写，贴在孝堂里。惜挽联未能保存，大意是自叙平生的志愿抱负，在立德、立言、立功等三方面，务求做到‘有功于世，有益于人’，并嘱咐子女以此为家训。”

是年8月，先生在高邮家中病逝，享年81岁。

8月，国民党进攻苏北解放区，并不断派飞机来高邮轰炸。

一次轰炸掀起一个大石块落在先生所住房顶，将房顶砸了一个大洞，所幸房中无人。先生本就年老多病，受此惊吓，加重了病情，最终与世长辞。

先生被安葬在高邮“半亩园”（今老体育场西侧）。

附 录

筹浚江北运河工程局筹备时期概略

——马士杰隽卿述

江北淮扬徐海，居鲁皖下游。就地势言，直天然邻国之壑，凡淮沂泗沭诸巨流，经行环被于此数百里内，其趋入江入海之尾闾，除沭水外，要皆以运河为承转之路。从前微山骆马洪泽高宝等湖，尚能渟蓄。自黄河夺淮形势一变，迨改道北徙各湖积淤尽失储水之量。形势又一变，于是数月不雨则赤地千里，来源猝发则泛滥成灾。驯至漕运停废，治河经费大减，即求如向之补苴掇拾，并不能图救，目前瞻念民艰于焉岌岌。民国三年，海陵韩紫石先生长吾苏民政，士杰在江苏内务司任，时值江北苦旱，运河奇涸，舟楫不通。滨海各县卤水倒泛，灾祲遍地，私心惄焉。忧之而运河淤垫水失所储，大汛猝临，势更溃溢，不谋治之方，江北苦无宁岁，窃计运河自黄林庄入江苏境，南达瓜洲出江，绵亘七百余里，工段险要，以下游里运河为多。欲于旱涝之年，兼筹并顾，势必从清江闸以下至于江口，浚深培厚为图治，入手之初，基爰酌定就地筹款之方，期为分年施工之计。士杰且辞去内务司职，于三年八月暂承筹备之任，声明筹备时期，勉力自效，若工程实行时代，则须别择贤能。近来水道工程立为专门科学，士杰学识既非专门工程，更无经验，曾不敢代大匠斫轻率从事。惟于筹备期间应行布置诸端量，尽绵力之所能，冀为淮海一隅，薄施补救。屈计三年以来，屡经困难差幸筹备各事，逐有端倪。基础已立，本年测量甫竣，尚在制图期间。拟将各种图说及连年实地勘察，分途调查之所得，汇集报告刊印成书，届时当求我同乡明达诸公协力磋商，期定他日全部施工之计画。此后即入于实行工程时代。所有筹备时期各事当然作一结束，以清界限。兹值我苏省水利协会成立，全省士夫讨论一堂，将合群策群力，共谋乐利，即以勉救沉灾，凡属吾乡水利机关，固罔不竭诚欢迎，私冀获所赞助，克以宏济艰难，谨先将士杰筹治运河三年以来所有筹备各种事实，分条略述大概，籍备诸君子之咨询焉。

一、筹款之大概

原经淮扬各县士绅，在省会议里运河工程先假定一百万元。以六十万元在于附近运河之八县（淮安、宝应、高邮、江都、泰县、东台、兴化、盐城）农田按亩带征二分。其四十万元则就运河货捐附收二成及盐运航业各捐足成之。筹办之初除货捐二成由运河各厘局先后带收，至二分亩捐屡经磋议，迄今未开收。适中央因濮阳大工通令加征各县二分亩捐，由财政厅令行照解。士杰复吁请省峰转呈中央请求将淮安等八县二分亩捐暂予截留，拨充浚运经费，幸邀部准。乃于四年分下半年，分别带征。盐运一节，屡与盐运使磋议，各商多以场盐改办海运，通泰各场已分年改垦，其沾受运河利益数实无几，再四磋商，上年仅据运商禀认六万元，期分六年摊缴场食，各商认数较微，尚未决定，航业以小轮为大宗，上年经各轮商禀就搭客加收一成，拟分三年约认捐十万。串之谱旋因洋商有所争执，是暂停止。刻经省会议，抽轮捐以充运河修费，业已会关查照前案，酌议办理，尚未定案。上年丁绅宝铨等援淮扬八县成案，请将江北徐海各县二分亩捐全数截留，以充治沂治运经费，并奉中央覆准所有淮阴等十七县（淮阴、阜宁、涟水、泗阳、东海、灌云、赣榆、沭阳、宿迁、睢宁、邳、铜山、丰、沛、萧、砀山、仪征）二分亩捐业于本年四月以后统归运河局管理。其带征河工经费均由各县局径解中国银行，报明财政厅列收。运河局只认稽核，遇有工程用款由局呈明省署核准后令行财政厅填给发款通知书到局，由局持赴银行支付，以分界限，而杜挪移。惟各县亩捐去秋水灾，今年旱灾，报解殊形短绌，截止六年六月划清年度止，前后共收淮安八县亩捐六万一千余元，淮阴十七县亩捐一万七千余元，通共列收各县亩捐八万八千二百余元。均经报明省署，有案刻已由局咨商财政厅会令各县。嗣后报解正税务，即呈明附解亩捐数目，并由厅随时咨局查核，俾免各县挪欠之弊，所有淮阴十七县亩捐因收数无多，是未划分议俟银行收数满五万元，即应专款提存，庶他日图治沂运，工大费巨，免致临时竭蹶，届时当由丁绅等商明，省署办理。

二、实测之大概

江北面积较广，除中运河一带曾经江淮水利测量局派员实测外，其由清江以下，南至于江运堤以外，东至于海，以及归江各坝之河道，下河归海各县之河流、海口面积达七八万方里，江淮水利测量局间有择要施测之处，或因事中辍源委遂不能一贯或历时较久，形势已逐有变迁，欲为全局通筹，自须先从实测入手，爰分班施测，逐期进行，历时三十余月，计程近三千里，刻甫蒇事，一俟绘图完成，即可结束。

三、储才之大概

近来水道工程，自系专门科学，而测量人才尤为今日江北所最需要者，上年呈准省署，在于高邮开办河海工程测绘养成所，招集淮扬徐海各县学生入所肄业，现已毕业两班，择优来局报务，后去尚有两班学成即拟停办。所有各县已毕业之学生，亟须代筹效用，俾得各展所长，应地方之需要，现拟开办江北各县平面测量，正在经营组织之际，一俟筹款就绪，即议切实进行。此尤望我江北诸公协力赞助。

四、购置之大概

治运之策，就全部计画论当以操纵蓄泄为主体。就现状整理论，当以疏浚淤垫为前提，筑坝挑方，在南北交通之河道，决难适用，自以购置机船为急。苏省于民国三年春在南通资生厂订购连珠斗机船一艘，发给江北试用。士杰考察运河情形，沙砾多而稀淤少，仍以起重汽机为适用。查前清原有机船三艘，久废不用，光复后无人过问，遂致漂泊河干，或沉没水底，船只固朽烂不堪，机件十不存一二，爰派员切实查勘，就其所存之船壳板片机件收回，运至镇江另觅厂家重新估造，计修成运平运通起重汽机钢板船两艘，又运济手摇机船一艘，因手摇机系旧存之件，专挖边浅，追修成以后体察情形，在运河效用甚微，徒资糜费，上年呈奉省署核准，因下河各县河道及海口逐节淤垫，均须及时疏浚。查上年修造机船时，曾购备起重机件一副，以防改换，尚未动用，又从前旧机船遗存锅炉一具，是以向镇厂磋商，订造起重汽机钢板船二艘，定名运顺运利。又将运济手摇机船改修起重汽机船一艘，均经省署遴派熟谙机器人员，会同分别订购在案，刻已工竣，即将开入运河，现在运河局通计有连珠斗机船一艘，起重汽机船五艘，将来拟派上河四艘，下河两艘，俾可分途施工。惟土方价格近来煤价大涨，至省每方须一元二角以外，将来即力求核减，全年扯计亦只能做到每方一元，核计两年以来如冻河阴雨之停工，水大水小之停工，以及修理停工时期，纵有停顿常支并不能省此，皆事实上所不能免者，现在为工程试验时期，此后尚拟另筹包工办法。通计机船施工以来出土三万四千四百四十余方，本年运河奇涸淤滩毕露，乘时克期参用人工挑挖出土二万三千二百余方，工价仅逾机船四分之一。前后扯计运河实已出土近六万方，均分别培储两岸，运河局先于四年夏季呈请附设监理，工程处遴派处长专理机船工程事宜。所支工程经费逐月遵照预算造报省署核销。

五、收支之大概

运河局自筹办以来，截至六年六月止，共收入银圆二十一万三千八百二十八元二分。内各县亩捐八万八千二百三十元五角六分。各厘局二成经费十一万四千七百九十一元四角六分，另财政厅拨发一万元，镇江关咨送验收小轮煤渣巡船经费八百六元，共如上数。其支出截止六年六月止则共支二十四万十一元二角一分九厘，内分工程项下十一万六千四百七十三元九角二分五厘，测量项下二万二千四百四十三元九角八分一厘。补助项下九万五千四百元，另支项下五千六百九十三元三角一分三厘。以上均呈奉批准，并按月造送预算在案，截至本年六月年度止，运河局以收抵支仍不敷银二万六千一百八十三元一角九分九厘。系由局临时借垫。因财政厅所发通知书，虽已到局，而银行收款无几不敷支取，自不得不出于临时借垫。所有分列各款，另附清单钞后以备省览。

运河局由开办起截至六年六月止，收支款目清单收入。

亩捐如下：

收四年分亩捐银一万三千九百八十七元八角八分。

收五年上半年亩捐银一万五千七百九十四元四角。

收五年度亩捐银五万八千四百四十八元二角八分。

共收亩捐银八万二百三十元五角六分。

厘捐项下：

收四年分附收二成经费银三万五千九百七十一元二角四分。

收五年上半年附收二成经费银二万八千七百六十元六角九分。

收五年度附收二成经费银五万五十九元五角三分。

共收厘捐银十一万四千七百九十一元四角六分（以上所收两项之款均由各县局径解中国银行报明财政厅列收金库，运河局只任稽核，不问收款，具载会订保管章程）。

另收项下：

收财政厅拨发水利余款银一万元。

收镇江关咨送小轮缴纳运河验收煤渣巡船经费银八百六元。

共收另款一万八百六元。

三项共收银二十一万三千八百二十八元二分。

支出：

工程项下：

支机船修理购置及驳运费银一万六千一百九十八元九角三分八厘。

支连珠斗机船尾价银九千四百五十元三角八分。

支工程处开办费银一千三十一元九角八分一厘。

支工程处四年六月至十二月止经常费银一万三千四十五元六角九分二厘。

支工程处五年一月至六月底止经常费银一万一千四百七十八元三角三分七厘。

支工程处五年七月至六年六月止经常费银二万九千五百二十五元五角九分七厘。

支新造机船两艘改造一艘工价银二万五千七百四十三元。

支界首马棚湾一带切滩经费银一万元。

共支银十一万六千四百七十三元九角二分五厘。

测量项下：

支测量清江至瓜洲运河经费银七千七百六十三元二角三分七厘。

支测量东下河及归江十坝经费银七千一百十元一角八厘。

支测量里下河及各海口经费银七千五百七十元六角三分六厘。

共支银二万二千四百四十三元九角八分一厘。

补助项下：

支水利工程讲习所开办费银三千元。

支水利工程讲习所补助费银一万八百元（每月四百元，四年四月起六年六月止）。

支补助瓜洲堤工第一、二届经费银各三万三千三百元（系奉省令核议由本县地方及运河经费各认其半）。

支补助东台蚌蜒河堤工银五千元（系奉省令核议，按照全工补助十分之三）。

支补助泰县斜丰港堤工及卤淋河闸工银一万元（系奉省令核议按照全工补助十分之四）。

共支银九万五千四百元。

另支项下：

支会勘运河经费银一千六百九十三元三角一分三厘（系奉省令饬拨）。

支编印运河报告书经费银二千元（系呈准省署提存另支）。

支水利讲习所借拨经费银二千元（系呈准省署暂予借拨）。

共支银五千六百九十三元三角一分三厘。

四项共支银二十四万十一元二角一分九厘。

收支相抵，不敷银二万六千一百八十三元一角九分九厘（此外据淮南四岸事务所公函，两次交到运商带收经费洋一万元，因盐捐场食各商认数未定未准，运署咨复定案暂未列收，合并附注）。

附江北治水概说

中运之水患在沂，里运之水患在淮，沭水在上游，为旁支，泗水在下游，为正脉，沂从芦口坝分扰中运，邳宿先受其灾，迨经刘老涧入六塘，而海属遂终承其害，欲轻徐海之水患，必先治沂，使沂与运分流，直接治沂，即间接治运，此固我江北稍习水利者所公认也。大率徐海重在去水患，淮扬则于盛涨时谋去水患，平时则尤须保存水利，是治沂沭者，重在筹泄，治淮泗者，重在蓄泄，兼筹淮安以下堤东各县之农田，利尽东海胥恃西水灌溉。淮水经行里运，挟千里之来源，北由张福口，南由三河坝，分道入里运。张福口之水，有三闸以收束之。尚有限制三河坝以百二十丈之金门建瓴，而下直达宝应高邮等湖，汇入运河。一经盛涨或大雨，时行运河已成中满，湖河通连，仅恃东岸一线土堤为水作障。高宝两县堤东地势倾斜，盛涨时运河水面高邮堤东地面，相距在一丈六尺以外，设遇沂泗同时暴涨，江潮顶托，欲不溃决得乎，且东堤即使冒险固守，然水度逐增，湖西滨湖各圩人民亦复冲决，频闻其苦痛，又岂堪言状。议者自以多筹分泄为主要，如江海并泄或另辟归海之路，虽工大费巨，亦当急起图之，然由高邮邵伯各湖直趋归江，各坝入江路线不过百里，地势倾斜，泄水较畅，上年分测流速，壁虎一坝泄水之量大于瓜洲，泄量计四十倍，是三江营入江之畅，固有明征若由运堤东岸另辟一入海孔道，路线达四百里，且范堤一带地势高，仰兴盐等县水面逐低，归海之路虑难畅达，此皆今日治里运者所最困难问题，加之清江以下，南至汜水运河，分泄之量甚小，东水猛涨，淮安宝应一带堤岸已岌岌难支，纵开放槐楼湾，假道入湖，借资分泄，然设遇淮水顶托，湖水抬高，亦将穷于救济，议者或主疏通旧黄河以消上游之涨，或于泾河一带加建数孔之泄水闸，分趋射阳湖入海，凡此诸说，亦只能留备参考，非经全局通筹，多方讨论确然洞晓，于利害之故，必不欲轻有所主张，今日治水之大要，当求其上游来水之量，与下游去水之量，能否相抵，以及湖河之流量，地面之容积能否酌盈剂虚，是不外先有正确之测绘与精密之调查，辟诸治病必先求其病原，了然于攻下峻补温通凉散之所宜，据以定方济之良药，而后厥疾乃可渐瘳。士杰三年奔走实地勘查，区区之愚抱此宗旨，幸同乡明达诸公讨论，而是正之，各节别详他日报告书中，兹不赘列。

安梁泰源盐垦股份有限公司章程

辛酉（1921年）常会修正

第一条，本公司遵照公司条例、制盐条例及淮南放垦章程，集资在淮南安丰梁垛两场，收并垣产荡地盐垦兼营，定名为泰源盐垦股份有限公司，呈部注册立案。

第二条，本公司集合有限股本，定额国币八十万元，每股银一千元，共合八百股，分两次招收，其以荡地作价入股者另以细则规定。

第三条，本公司经营安梁两场盐垦事业，价购全场盐垣亭灶及范围内各等荡地，并房产等均为全股份，按股均有之实产，凡以公司名义续有购置之产均属之。

第四条，本公司成立后，一面承过盐垣，遵章收运，即照盐务署命令划定煎区，实行厘剔移笼，以正盐额为一部分事业，一面划出草荡分区开放，以兴垦利，为一部分事业。俟淮南盐额，照部令五年递减，届满再照彼时法令办理。

第五条，本公司专营盐垦两业，不得以公司及股东名义兼营其他业务，如因盐垦事推广及于现办范围以外，须经股东会之议决。

第六条，本公司每年所得盐草之收入，应尽先拨充本公司各项开支，有余作为净利按第十二条分配之，不足于垦利中提补。

第七条，本公司各项开支应分别编制预算及决算，提交每年股东常会议决。

第八条，本公司应按年拟具工程计划、垦务计划及盐业营运计划，报告于股东会，并同时说明上年各项计划进行之经过。

第九条，本公司各项收支应按月报由总会计结算一次，按年总结一次。

第十条，前条月结、年结，应编成报册，于次月及次年二月送交监察人审核。

第十一条，本公司之存立，不定年限，俟现在指定事业办理完竣后，另拟保存统一机关之办法，由股东会议决之。

第十二条，本公司垦辟熟地，分期按股分派。凡有不能分派者（如盐亭等项）仍为全股东均有之产，其垦地全部参照各公司先例，作为一百二十成分派，以一百成分给股东，以四成提助公益，其余十六成作为十成，以二成为公司出力之发起人之酬劳，以八成酬劳办事人，由总协理提交董事会议决之。

第十三条，本公司股东会公举董事七人，董理公司事务；监察二人，监察公司事务。董事五股以上，监察三股以上，有被选资格。

第十四条，本公司由股东会公举总理一人，主持公司全部事务，协理一人，协同办理公司事务。总理有事故时，其职务由协理代行之。

第十五条，本公司股东常会每年春季举行一次，但有重要事宜及改革之必要，得由董事会召集临时股东会议决。

第十六条，公司平日有因，事出仓猝不及开股东会时，得先由董事会随时开会议决行之，惟事后仍须通告股东会追认。

第十七条，公司前数次分地时，但由公司填发代行经管田地亩数之收据，一俟末次分田时，始行将全股份应得之地连同田单佃户完全交给股东。

第十八条，公司代行经管之田地，由公司每年将全部田亩所收租息平均计算，除由董事会议决提补公司开支外，所有纯利即行按亩分派。

第十九条，末次分田时，先由总理、协理并主任员将田地之优劣等级妥查核定，详载图表，报告于董事会监察人。经监察人复核无异，应分若干部分，派定各级田亩，再由股东分组拈定，得某部分后即由该组股东自行分配。

第二十条，本公司内部办事之章程规则另定之。

第二十一条，本公司章程经股东会议决即生效力，股东及公司职员均有遵守之义务，如有未尽事宜或修正，须经由股东会之议决。

第二十二条，除本章程特别规定外，一切遵照公司条例办理。

忆父亲马士杰晚年生活

马家駪　马家騋　马家骥　马家骙

父亲马士杰，字隽卿，号疆恕。1865年阴历九月初七日生于江苏高邮，1946年8月病逝于高邮老家。享年82岁。

我们从小与父亲生活在一起，但进入中学大都离家到扬州或上海读书，唯小弟家骙基本上随父亲生活，直到老人家去世。由于我们与父亲年龄相差较大，因而对父亲早年的生活知之甚少，现将我们所知道的父亲晚年的生活追记于后。

我家祖籍安徽和县，在太平天国期间（即19世纪50年代），曾祖父马万清带领我们的祖父全家从和县迁居高邮。祖父马维高，字薇皋，一字裕亭，青年时因家贫辍学，在清江（现淮阴市）做店员，后从事典当钱庄行业。由于他善筹划，重信义，名著于江淮之间。晚年在高邮急公好义，凡本邑之育婴堂、义仓、恤嫠等慈善事业，均经营不遗余力。《三续高邮州志》记载他"重友谊，急人之难，虽千金无吝色。"又称他"尤精建筑，邑中文庙学校名迹，凡有工作经其监造，费省工坚"。祖父享年73岁。

父亲髫年入泮，中秀才后，在家读书，1894年在江宁（南京）乡试中举，次年赴京参加会试，因丁母忧而返乡，服满后进京，历任前清内阁中书，候补侍读，及资政院议员，并奉派赴日本进行政治考察。辛亥革命后任江苏省公署内务司司长，民国三年护理江苏省民政长，卸任后任江北浚河工程局总办、督办，及江苏运河工程局财政谘议等职务。

1920年以后，父亲即卸职家居。当时，我们家在上海、扬州、高邮均有房子，父亲也经常往来于沪、扬、邮等地。他晚年交游甚广，往来的朋友为南通张謇（字季直）、海安韩国钧（字紫石）以及上海黄炎培（字任之）、史量才等人。

父亲脱离政务以后，就与张謇、韩国钧在东台、南通、海安一带办理泰源盐垦公司，任务是筹集股金，召募移民在沿海筑堤，防止海水入侵，然后将堤内土地，进行疏浚，形成滩地，建造房屋；同时改良土壤，引进良种，种植棉花、玉米、瓜果，以及薄荷等经济作物。泰源盐垦公司是股份集资的企业，主要创办者为家父、张謇和韩国钧三人，拥有荒熟土地10余万亩。

抗日战争爆发后，为避乱世，我们于1939年随父亲到东台三汉河盐垦区住过大半年。记得当时垦区有两所小学，一所叫疆恕小学（是以我父亲的斋名来命名的），一所是紫石小学（是以韩国钧的字来命名的），紫石小学距我们住处较近（约三华里）。家骙就近读书，约半年时间。

父亲与韩国钧的交往甚密，韩紫老曾来过高邮，我父亲也曾数次去过海安，看望韩紫老，当时每次都住在他家，韩紫老的住处叫“息园”。从我父亲和韩紫老唱和的诗稿中，可以窥见他们共同的意愿是对民生疾苦和国家兴亡的关心，例如在父亲致韩紫老的贺寿诗中写道：“……忧国如公能有几，自濡新墨写吟笺。”另一首写在九一八事变以后，诗中写道：“……命世有才惟谨慎，外氛无计策澄清，浙瓯烽火空陈迹，辽沈衣冠异昔盟，身世苍茫无限感，天教康健属耆英。”1931年苏北洪水成灾，当年10月，父亲到海安韩紫老的“息园”小住，他在给韩紫老的诗中写道：“……沧桑有劫都成梦，洪水无情尚占田，何日金堤牢筑版，共谈时事倍怆然。”诗中表达了他们共同关心国事的心情，如何在有生之年，尽力为人民、为国家做些有益的事情，以实践他们一贯主张的“有功于民，有益于人”的夙愿。这也是父亲谆谆嘱咐和教诲我们的箴言。

1924年，干支纪年为甲子，我父亲在上海与黄炎培、张一麐、沈恩孚、江问渔、史量才等共同发起成立“甲子社”，后称“人文甲子社”，创办了《人文月刊》和一所图书馆（初名人文图书馆），专门从事政治、经济、文化、教育、学术资料的收集和分类，并编纂报纸、杂志的要目索引。1931年，这个图书馆又得到上海叶鸿英赞助100万元，乃设立鸿英教育基金董事会，专办图书馆和乡村小学教育。这时图书馆改名为鸿英图书馆，解放后又改名为报刊图书馆。

父亲与黄炎培于民国初年在苏州同事（当时父亲任江苏省内务司司长、黄任江苏省教育司司长），黄任老发起成立中华职业教育社时，我父亲是参加者之一。在创办“人文甲子社”、《人文月刊》及鸿英图书馆工作中，他们都是志同道合的好朋友。这里需提到两件事，说明黄任老对父亲及我家的关注。一件事在1946年夏季，周恩来从南京派人给苏北二分区惠浴宇同志写了一封信，内容主要是要当地政府，按照开明士绅的政策来对待父亲和我们的家庭，信中还提到黄炎培在南京和上海曾多次找到中共代表团，对高邮马隽老十分关心，希望予以照顾关怀等语。再一件事是在1948年，黄任老把我们在沪的弟兄找到环龙路（现雁荡路）中华职业教育社，谆谆嘱咐我们，在国民党政权崩溃时，一定要留在大陆上，并提到他是我们父亲的知交，作为父辈，他有责任对我们这些子侄进行照顾和关怀等语。循循善诱，关怀备至之情，使我们至今铭感于心。

在父亲晚年交往的朋友中，他和史量才的关系也是比较深的。在1924年到1934年的十年中，父亲每到上海，均要和史量才把晤交谈。父亲比史量才大十多岁，但父亲对史量才的文章胆略是很赞赏的，认为他见识过人，是个有识之士。1934年11月，史量才因支持抗日民主运动，被蒋介石军统特务暗杀于沪杭路上。父亲闻讯后，悲愤不能自已，老泪纵横，绕堂疾步行走甚久，随即伏案疾书悼史量才挽联："造化几难知，最伤心大局艰危，苏人又弱一个；精神终不死，且痛哭万恶社会，先生自有千秋。"从挽联中可以看出，父亲对史量才是很推崇的，对史给予了高度评价，为史的不幸逝世而痛心疾首；对于蒋介石的暗杀行径，其愤怒之情，跃然纸上。

1934年底，日本帝国主义侵占东北，而蒋介石的国民政府对外奉行投降政策，对内"围剿"中国共产党和工农红军，人民处于水深火热之中。所以当时父亲分析我们国家的形势是"大局艰危"，这一认识和中国共产党领导的进步人士的认识是趋于一致的。

全面抗日战争开始，父亲带领全家从高邮老家逃难到高邮农村，先后在三垛、南甘垛居住。1940年又由高邮乡下到苏北盐垦区避难。1941年初辗转到上海，住在上海霞飞路（现淮海路）新康公寓，闭门家居，读书写诗自误。一天忽然有人来我家将我父亲逼请出去。当时我们都很惊慌，等到父亲回来，才知道是汉奸梁鸿志伙同日本人逼请父亲去赴宴，提出要父亲出山当汉奸，并竭尽威胁利诱之能事。父亲当然不为所动，只是以年迈（当时父亲77岁）手抖为托辞。听父亲说，当时还让拿纸笔书写，父亲故意抖颤，将纸上涂了一些墨团，终不能成字而罢。

1943年，我们家搬到上海拉都路王宅（今襄阳南路）时，汉奸殷汝耕又派人来请我父亲出山，同样给父亲拒绝了。1945年初，父亲从上海返回高邮，闭门家居。

1945年12月高邮第一次解放，在这前后，江南的亲友中不少人捎信或派人来，请父亲离开解放区，到上海居住，父亲只是一笑置之。

1946年春天，苏皖边区政府的水利部门曾派干部来高邮，由高邮县人民政府的人员陪同来找父亲，咨询有关治理运河防汛等事宜，父亲很高兴地和他们交谈。中午留他们吃了便饭，下午继续交谈，还拿出他亲手绘的运河地图，比画讲解，说明各处水系、坝闸要害部位、注意事项等，尽情而散。

这年秋，国民党进攻苏北解放区，并不断派飞机来高邮轰炸，父亲因年迈多病，离家不便，只得在家中设防。最后因体衰多病，敌机轰炸时受惊，病逝于高邮老家。

病中父亲曾自拟挽联三副，后来由家骙抄录缮写，贴在孝堂里。惜挽联未能保存，大意是自叙平生的志愿抱负，在立德、立言、立功等三方面，务求做到“有功于世，有益于人”，并嘱咐子孙以此为家训。

1988年11月

（载《高邮文史资料》第八辑）

征引书目

庄安正:《张謇先生年谱·晚清篇》，吉林人民出版社 2002 年版。

庄安正:《张謇年谱长编·民国篇》，上海交通大学出版社 2018 年版。

张謇全集编委会编:《张謇全集》电子版，上海辞书出版社 2012 年版。

韩国钧:《止叟年谱》，文海出版社 1966 年印行。

谢静:《韩国钧——从晚清名臣到抗日楷模》，苏州大学出版社 2014 年版。

江苏省档案馆编:《韩国钧朋僚函札名人墨迹》，东南大学出版社 2006 年版。

江苏省档案局编:《韩国钧朋僚函札史料选编》，江苏人民出版社 2012 年版。

韩国钧:《运工专刊》第一至三册，江北运河工程局 1934 年印行。

许汉三编:《黄炎培年谱》，文史资料出版社 1985 年版。

黄炎培:《苞桑集》，开明书店 1946 年印行。

黄炎培:《一甲记》，书林书局 1935 年印行。

黄炎培:《黄炎培日记》电子版，华文出版社 2008 年版。

庞荣棣:《史量才研究》，上海交通大学出版社 2014 年版。

《江苏省内务行政报告书》第一至三册，江苏省行政公署内务司 1914 年编辑印行。

徐友春主编:《民国人物大辞典》(上、下),河北人民出版社2007年版。

《苏社特刊第一期:省宪》,苏社出版部1922年印行。

曹余濂编著:《民国江苏权力机关史略》,《江苏文史资料》编辑部1994年内部资料。

《民国江苏的督军和省长(1911—1949)》(江苏文史资料第四十九辑),《江苏文史资料》编辑部1993年内部资料。

山阴贾子彝编:《江苏省会辑要》第一、二册,江南印书馆1936年印行。

《上海图书馆事业志》,上海社会科学出版社1996年版。

《上海中华职业教育社志》,上海古籍出版社2007年版。

《扬州金融志》,中国金融出版社1996年版。

扬州消防支队编:《扬州消防志》,2017年内部资料。

江苏金融志编辑室编:《江苏典当钱庄》,南京大学出版社1992年版。

周尔鎏:《我的七爸周恩来》,中央文献出版社2015年版。

镇江市政协文史资料研究委员会编:《镇江文史资料》第十五辑,1989年内部资料。

张謇研究中心编:《张謇与近代盐垦及江苏沿海开发》,苏州大学出版社2012年版。

孙家山:《苏北盐垦史初稿》,农业出版社1984年版。

海安政协文史资料研究会编:《海安文史资料》第三辑(纪念韩紫石专辑),1987年内部资料。

大丰县文史资料研究委员会编:《大丰县文史资料》第七辑(盐垦专辑),1987年内部资料。

薛平、朱宗宙等著:《滨江名镇盐都十二圩》,广陵书社2007年版。

[清]金无烺、龚定瀛、夏子鐊纂修:《光绪再续高邮州志》,江苏古籍出版社1991年版。

胡为和、卢鸿钧、高树敏纂修:《民国三续高邮州志》,江苏古籍出版社 1991 年版。

高邮政协文史资料研究会编:《高邮文史资料》第二、四、六、八、九、十、十七、十八辑，1985—2005 年内部资料。

无锡杂志社编:《杖乡导游录》，无锡杂志社 1932 年印行。

《督办江苏运河工程局季刊》，中华民国九年第一期。

《申报》电子版。

《大公报》电子版。

《安梁泰源盐垦公司己未九月开创立会议案》。

《安梁泰源盐垦股份有限公司章程》。

《安梁泰源盐垦公司辛酉年十月董事会临时股东会议案》。

《筹浚江北运河工程局筹备时期概略》等。

后　记

编撰本书的起因，是安徽和县马氏家族2019年7月来高邮寻找马士杰的后人，寻找马氏承恩堂家谱，我参加接待，了解了马士杰及其家族的一些情况，随后我写了一篇文章《和县马氏家族的高邮情结》，刊登在《高邮日报》上。后来扬州警察学会秘书长朱德林和高邮市公安局办公室原主任李天祥看到文章后找到我，介绍了他们研究马士杰的一些情况，希望高邮市文化研究院能将他们的研究继续进行下去。高邮市文化研究院研究的重点是名城、名胜、名人、名著，马士杰是民国时期江苏著名士绅、高邮近代乡贤，所以我主动承担起这项研究任务，决定用年谱的形式叙述马士杰先生的一生。

年谱写作最难的是谱主的资料收集。马士杰先生不写日记，没有出过书，也没有写过回忆录，留下的文字内容很少。我花了一年多时间，走访马士杰后人和曾经研究过马士杰的人，去图书馆、档案馆，利用网络数据库，大量购买含有马士杰信息的书籍，通过这些途径查找有关马士杰的资料。在走访和写作的过程中，我得到了马兆祓、马大伟、马兆祉、马润宜、刘若兰、马兆祎、马兰等先生后人的积极支持；得到了朱德林、李天祥的大力帮助；姓氏文化研究会王庆山、徐学林帮助我寻找有关资料；文化研究院任仁同志几次陪同我去上海、南京、太原、朔州、徐州走访。没有他们的帮助我是写不出这本书的，在此向他们表示衷心的感谢！

年谱的特点是以史料说话。书中我大量录用了报刊书籍中有关作者的文章选段，运用了很多前人的研究成果，在此一并表示感谢！

年谱这种文体我没有写过。历史是深邃而严肃的，我是以对高邮传统文化研究的一种兴趣、一种执着，怀着对谱主一份敬仰之情，边写边学，用时间、用勤奋弥补自己写作能力的不足。通过对谱主史料的挖掘、搜集、整理、研阅，还原历史、认识历史、思考历史，对自己亦是一份充实和提高，乐在其中。囿于史料缺乏和本人学识所限，谱中肯定存在诸多不足甚至错讹，敬请读者、方家批评指正。

倪 文 才

2021 年 6 月于高邮“勤道书屋”